# Antonello Menne

# Il cammino di Santiago

## Ti mancherà

Primiceri
editore
PADOVA

Potete contattare l'autore all'indirizzo:
antonello@menne.it

*A Santina e Gavino*

# INDICE

Le tappe e le soste lungo il Cammino
(Agosto 2017)

**Francia**
31 luglio: Lourdes e Saint-Jean-Pied-de-Port

**Spagna**
<u>Navarra</u>
1°agosto: Roncisvalle
2 agosto: Zubiri
3 agosto: Villava e Pamplona
4 agosto: Cizur Menor e Puente la Reina
5 agosto: Estella
6 agosto: Los Arcos

<u>Rioja</u>
7 agosto: Logroño
8 agosto: Nájera
9 agosto: Azofra e Santo Domingo de la Calzada
10 agosto: Redecilla e Belorado

<u>Castiglia e León</u>
11 agosto: San Juan de Ortega e Agés
12 agosto: Atapuerca e Burgos
13 agosto: Hontanas
14 agosto: San Antón, Castrojeriz e Boadilla del Camino

15 agosto: Puente Fitero, Frómista e Carrión de los Condes

16 agosto: Terradillos de los Templarios

17 agosto: El Burgo Ranero

18 agosto: León

19 agosto: San Martin del Camino

20 agosto: Astorga

21 agosto: Santa Catalina de Somoza e Foncebandón

22 agosto: Ponferrada

Bierzo

23 agosto: Villafranca del Bierzo e Trabadelo

24 agosto: O Cebreiro

Galizia

25 agosto: Aguiada

26 agosto: Sarria, Barbadelo, Portomarín, Gonzar

27 agosto: Ventas de Narón, Leboreiro, Palas de Rei e Melide

28 agosto: Ribadiso de Baixo e Arzua

29 agosto: Predrouzo

30 agosto: Santiago de Compostela

# Nota alla seconda edizione

*Milano, 26 ottobre 2022*

Non è stato facile rimettere mano a un testo di cinque anni fa, soprattutto mantenendo lo stesso registro emotivo e narrativo. Prima di introdurre i nuovi capitoli, ho riletto attentamente la prima edizione e ho cercato di immedesimarmi. Giunto alla fine, ho trovato parti che oggi avrei scritto diversamente, ma non le ho modificate: ogni riflessione appartiene all'attimo in cui la parola ha preso consistenza e cambiarle avrebbe significato tradire il patto di complicità con il lettore. Questo per dire che il diario ha una sua dimensione autentica, l'immediatezza è la caratteristica di questo scritto e la mediazione della scrittura è limitata al massimo.

Terminata la lettura, ho lasciato passare alcuni giorni e mi sono portato dietro le sensazioni che ne sono scaturite, nonché i ricordi e le speranze che quel cammino è stato in grado di trasmettermi. Dopo Santiago 2017 sono arrivate, infatti, nuove, straordinarie esperienze: la via Francigena, da Roma a Gerusalemme, il Cammino di Bonaria da Milano a Cagliari, la Via de la Plata, il Cammino di San Francesco e di Sant'Antonio e la Via degli Dei. Il Cammino Francese raccontato in questo libro rimane, però, una vera pietra miliare: sono legato in modo indissolubile a questo percorso, come a un vecchio amore, di quelli consumati con inesauribile passione durante gli anni del liceo.

Il Cammino Francese continua a vivere nel mio cuore come una fonte viva. In questo percorso ho scoperto il senso di un'esperienza radicalmente nuova e a esso devo la mia svolta esistenziale. Nello scrivere i nuovi capitoli sono stato certamente influenzato dai cammini successivi, vissuti in compagnia dell'immancabile zaino rosso; tuttavia, ho cercato di riprodurre fedelmente situazioni ed episodi vissuti in quel formidabile mese di agosto 2017. Grazie al diario dettagliato di ogni tappa, è stato facile scrivere i 26 nuovi capitoli e riappropriarmi di episodi, incontri, pensieri e stati d'animo vissuti in Navarra, nel Bierzo e in Galizia. Ho pescato dagli appunti presi lungo il percorso e a fine tappa, in genere nelle *came* degli *albergue* o sul tavolino di un bar, mentre sorseggiavo una *cerveza* o una *sangria*.

Il Cammino non ha un tempo né uno spazio definito o esclusivo. È certamente un luogo fisico, concreto e a volte molto duro, che spesso ripropone le stesse regole, al punto che sembra la riedizione di percorsi già visti, anche se ciascuno di essi racconta una storia irripetibile. Occorre lasciarsi condurre e, al tempo stesso, sperimentarsi e viversi senza il supporto degli strumenti di potere o le protezioni e le garanzie della vita ordinaria. È quando si avanza verso Santiago che ci si mette in gioco fino in fondo e si verifica il grado di resistenza alla polvere, in attesa della Cattedrale in Praza do Obradoiro, dove il cuore esploderà in un mare di emozioni.

Quando arrivano a Santiago, i pellegrini si liberano dei pensieri negativi, scaricano tensioni e versano lacrime di gioia, ma fanno anche una promessa importante: quella di rifare il Cammino al più presto, allo scopo di rivivere quei momenti indimenticabili e sottoporsi a una sorta di tagliando esistenziale. Dopo un po', infatti, si sente l'esigenza di rimettersi alla prova, di verificare il livello di funzionamento della "macchina" e, in altre parole, di rinascere a nuova vita. In tal senso, Santiago è una magia. Ti mancherà.

# Introduzione

Tra tutti i cammini che portano a Santiago, quello Francese è considerato il Cammino per eccellenza. Alcune persone lo fanno per motivi religiosi, altre perché spinte dalla ricerca della dimensione spirituale, altre ancora per ragioni culturali. Lungo questo percorso, unico al mondo, si incontrano monumenti e chiese di inestimabile valore. Il *Camino Francés* è la via del Medioevo, segnata da cattedrali imponenti e fortezze ancora oggi intatte. Lungo tutto il percorso si sente viva la presenza dei Templari, i monaci-soldato che hanno difeso i luoghi di culto, e quella dei grandi santi che veneravano Giacomo il Maggiore, apostolo di Gesù e fratello di Giovanni l'Evangelista.

Il Cammino inizia a Saint-Jean-Pied-de-Port, in Francia e, dopo avere attraversato i Pirenei, entra in Navarra per proseguire in Castiglia, nella regione di León, quindi nella valle isolata del Bierzo e finalmente in Galizia. Si conclude a Santiago de Compostela, precisamente in Praza do Obradoiro, dove si trova la cattedrale dedicata a San

Giacomo, nella cui cripta sono custodite le sue spoglie provenienti da Gerusalemme e trasportate in Spagna, secondo la leggenda, dai discepoli Atanasio e Teodoro.

Sono ottocento i chilometri che separano Saint-Jean-Pied-de-Port da Santiago de Compostela, un percorso impegnativo che si sviluppa interamente nella Spagna settentrionale. Si parte dalle montagne e dalle foreste della Navarra per poi proseguire lungo le colline della Rioja, regione molto celebre per la produzione del vino. Da Pamplona a Burgos, passando per Logroño. Dopo Burgos e fino a León si attraversano le *mesetas*, enormi distese di terreno tutte dedicate alla coltivazione dei cereali. Quando si entra nel Bierzo, si inizia a salire e scendere con importanti dislivelli. Superata la celebre Cruz de Hierro, attraverso il valico di O Cebreiro, si accede in Galizia per percorrere gli ultimi centocinquanta chilometri fino a Santiago.

Da Saint-Jean a Santiago è un continuo mutamento di clima e di paesaggi, ma anche di profumi e di sapori. Storia antica, quella del Cammino Francese. Tra il X e il XIII secolo è stato percorso da nobili e contadini, ma anche da soldati e da monaci. Tra il 1213 e il 1215, partendo da Perugia, Francesco d'Assisi, con altri suoi confratelli, arrivò a Santiago de Compostela; rientrò a casa sempre a piedi, dopo avere camminato per circa 4200 chilometri. Anche Dante, nella sua *Vita Nova*, dà conto del Cammino: "In modo stretto non s'intende peregrino se non chi va verso la casa di Sa' Jacopo" e "chiamansi peregrini in quanto vanno a la casa di Galizia".

Ancora oggi, molte persone affrontano il Cammino con lo spirito dei pellegrini medievali, alloggiando negli *albergue* (ostelli che ripropongono l'accoglienza degli antichi *hospitales*) e nei conventi, rispettando le regole che sono il frutto di tanti secoli di storia religiosa e, soprattutto, riservando un saluto e un sorriso spontaneo agli abitanti del posto e a tutti gli altri camminatori e pellegrini che procedono verso Ovest, con i quali condividono l'ultima, importante tappa.

Le pagine che seguono nascono nel cuore di questo Cammino. Raccolgono pensieri, idee e sensazioni di un pellegrino partito da Saint-Jean-Pied-de-Port il 1° agosto 2017 e arrivato a Santiago de Compostela il 30 successivo.

Sono appunti scritti nei momenti in cui, riflettendo sui passi fatti e su quelli che sarebbero seguiti, ci si lascia avvolgere da una sorta di nostalgia. Quella di chi sa che, al rientro, tutto questo mancherà.

La preparazione

(Lourdes)

L'idea si fa sempre più forte. Ogni giorno che passa si aggiunge un tassello, nelle pause delle riunioni sbirci qualcosa su Internet, alla fine delle udienze leggi alcune testimonianze e ti perdi scoprendo gli infiniti toponimi del lungo percorso. Ma niente di più. La preparazione non è programmazione, salvo gli accorgimenti fondamentali: le scarpe, lo zaino, le calze e le magliette tecniche. Compili un elenco che ogni tanto aggiorni. L'idea diventa attesa quando arriva giugno e senti che la scadenza si avvicina.

A testa bassa continui le tue corse tra tribunale e clienti. E alla sera, quando tutto si spegne, sfogli la guida del Cammino, non per studiare, ma per cominciare a immergerti in quel che sarà. A luglio ti ritrovi con altri pellegrini nella Chiesa Rossa per ritirare la credenziale. I Navigli sono in festa e Milano finalmente si rilassa nella notte. La Confraternita di San Giacomo ha organizzato una serata di preghiera, si recita il Rosario e alla fine eccoti alla cerimonia di consegna del documento. Stringendo quel pezzo di carta che ti accompagnerà fino all'arrivo a Santiago, tappa dopo tappa, il tuo cuore sente il primo sussulto. Sarà come il libretto degli esami quando frequentavi l'università: certificherà il tuo percorso con dei timbri uno diverso dall'altro, che guarderai con tenerezza e orgoglio.

È luglio, l'alba arriva presto. Raggiungi il parco di Porta Venezia con l'intento di testare lo zaino che hai tirato giù dal ripostiglio, mettendoci dentro quattro bottiglie d'acqua per cominciare ad allenare le spalle. Prosegui spedito e poco importa se nessuno ti rivolge un saluto. Il Cammino non si svolge a Milano, anche se da qui muove i primi passi.

Il 31 l'aereo per Lourdes. In volo non hai spiccicato parola, hai preferito abbandonarti ai rumori circostanti. L'atterraggio è stato turbolento, ma non ti sei scomposto. Ora sei solo sul piazzale dell'aerostazione, e cerchi di capire come organizzare la trasferta a Saint-Jean-Pied-de-Port. A venti metri, altri pellegrini stanno confabulando con l'autista di un taxi collettivo, ti unisci a loro e finalmente ti metti in cammino. Tutto è avvenuto in modo naturale. Ti mancherà.

Appena duemila abitanti, tutti raccolti lungo la storica rue de la Citadelle. Sono le 19:30 e i negozietti sono quasi tutti chiusi, salvo le piccole locande. Anche l'ufficio informazioni riapre alle otto dell'indomani. Incroci un gruppo di ragazzi del posto che rientra dalla palestra, poi due signore che procedono a testa bassa, tutti con passo accelerato: sembrano temere una tua possibile domanda. Hai mille dubbi ma non chiedi nulla, non senti il clima familiare che speravi di trovare. Così risali la strada. Sbirci il nome delle vie, la forma delle pietre all'ingresso delle case e i prodotti enogastronomici esposti nelle vetrinette con le serrande ormai abbassate. Hai un momento di esitazione. Non ti sei preoccupato di studiare il punto di partenza del Cammino, non ne hai avuto il tempo e hai pensato che fosse meglio affidare tutto alla Provvidenza, così com'è stato per i tanti pellegrini del Medioevo che arrivavano a Saint-Jean spossati e disorientati.

Ti siedi su una panca e indossi la felpa. Senti la temperatura che si abbassa: sono sedici gradi, a Milano erano trentasette. Ti guardi intorno e non vedi più nessuno. Così entri nella locanda di fronte alla tua pensione. Hai lo stomaco chiuso, non hai fame e sei anche distratto, hai quasi perso la voglia di curiosare. Ma forse è solo la stanchezza. Ordini una zuppa calda a base di cipolle e un piatto di verdure grigliate. Scrivi alcuni appunti. Scambi due parole con la cameriera e poi con un altro signore seduto al tuo fianco. Vieni attratto dai suoi occhi cupi e dalle rughe che solcano il suo viso. Ha tanta voglia di parlare, lo ascolti.

Da cinque anni vive da solo, la sua compagna di una vita è volata in cielo. Ti racconta i particolari di quella perdita, lo vedi sconfitto dal dolore. Segui le sue parole con ritrovata attenzione e gli dici che sei diretto a Santiago. D'un tratto i suoi occhi si illuminano, non riesce più a guardati in faccia, si imbarazza e si commuove. «Anch'io ho sempre sognato di fare il Cammino, ma non sono mai riuscito a mettermi in strada. Quando arriverai a Santiago, ti chiedo una preghiera per me». Hai un momento di esitazione, cerchi di cogliere il senso di quella richiesta, poi gli rispondi: «Sì, Antonio, lo farò». Ti alzi e lo abbracci: è il primo, intenso contatto del Cammino e poi lo saluti con una promessa importante che ti carica di responsabilità e gioia. Una grande scossa emotiva.

Quando ritorni in strada è buio pesto, per fortuna la rue de la Citadelle si è rianimata. Riprendi a salire, sempre sbirciando dentro l'uscio delle case. Dopo qualche passo, illuminata da una piccola candela, incroci la prima conchiglia e poi la freccia gialla. Senti il secondo grande sussulto della serata; procedi ancora per qualche metro e, senza saperlo, ti ritrovi dentro il Cammino con la sua voce misteriosa che ti accompagnerà fino in Galizia. A destra e a sinistra cominci a vedere le insegne degli *albergue*, tutto rimanda a Santiago.

Seguendo il consiglio di un altro pellegrino incontrato a Lourdes, raggiungi l'*Accueil pèlerin*, il centro di accoglienza dei pellegrini, dove ricevi tutte le informazioni e le mappe del Cammino, insieme a una bellissima conchiglia bianca che un signore olandese, con mano tremante dall'emozione, su tua richiesta, sigla con il suo nome: l'autografo di una persona sconosciuta che per te varrà come quello dei tuoi cantautori preferiti di fine anni Settanta. Con quella conchiglia camminerai verso Santiago. Quando stai per uscire dal Centro, incroci altri pellegrini, con cui ti dai appuntamento per l'indomani mattina alla Porte d'Espagne. Ripercorri, quindi, la rue de la Citadelle fino in fondo, superi il ponte sulla Nive e vai a toccare le pietre che sorreggono la Porta che segnerà l'inizio del tuo cammino. Stai già pensando alle alture del Col de Bentarte e dell'Alto de Ibañeta. Quella di Saint-Jean-Pied-de-Port è l'unica notte in terra francese. Ti mancherà.

La prima tappa è andata. Sei partito emozionato e titubante da Saint-Jean-Pied-de-Port e sei arrivato a Roncisvalle carico di emozioni e cose da raccontare. Hai attraversato il confine francese lungo i Pirenei, montagne che evocano le interrogazioni di storia e geografia di quando frequentavi le scuole medie in quel di Orotelli.

La nebbia ti ha accolto a fine tappa. Non sei riuscito a vedere dall'alto la tanto osannata *collegiata*, uno dei più grandi complessi europei dedicato all'accoglienza dei pellegrini, nato per celebrare il ricordo della tragica fine dei paladini di re Carlo.

Ti sei messo in fila nella speranza di ottenere una *cama*: a Roncisvalle trovare un posto in cui dormire non è semplice. Sono molti i pellegrini che, pur non essendo diretti a Santiago, cercano un riparo tra queste mura, con l'intento di sentire il sapore di una storia epica e ancora oggi raccontata in tutta la sua tragica portata religiosa. Secondo il mito, qui, nel 778 i Saraceni uccisero Rolando, paladino di Francia. La leggenda ha trasmesso sino ai giorni nostri il mito di Rolando che in nome della fede combatté contro gli *infedeli*, i Saraceni. L'epopea si affermò in tutta Europa, esaltando le gesta degli eroici alfieri che sacrificarono la propria vita per affrontare i feroci arabi che occupavano la Spagna. Rolando entrò nel cuore delle popolazioni spagnole e dei cristiani di tutta Europa: secondo il *Codex Calixtinus*, il grande re dei Franchi, infatti, sarebbe sceso in Spagna non solo per frenare l'avanzata dei Saraceni, ma con il preciso obiettivo di sgomberare il campo e "liberare la tomba dell'apostolo" dalla sgradita e feroce presenza dei musulmani.

La *cama* ti è stata assegnata, il camerone ospita più di sessanta letti separati da una sottile paratia in legno. In tutto il complesso i posti letto sono 180. Le mura in pietra bianca sono altissime e quando provi a stenderti rimani impressionato nel notare il vertice del tetto sopra di te. Hai aperto il sacco a pelo e sistemato ai piedi della *cama* i singoli sacchetti contenenti gli indumenti. Dopo una rapida occhiata agli altri pellegrini, raggiungi il bagno per la doccia. Ancora in fila, in silenzio.

Si sono fatte le 18:30. Non sei riuscito a leggere, ma solo a sistemare alcuni appunti raccolti lungo le montagne dell'Alto de Ibañeta, prima di scendere alla volta di Roncisvalle. Così sei andato nella cappella attigua alla *collegiata* per una preghiera, avevi bisogno di essere rincuorato e sostenuto. C'erano solo due candele accese, il resto in penombra. Risuonava ancora il respiro dei paladini cristiani e la loro voce sofferente, prima di perire sotto le spade insanguinate dei Saraceni.

Quando sei uscito, hai voluto affrontare la nebbia e fare due passi intorno all'enorme complesso, per riprenderti e concentrarti. Le gambe ti hanno mandato segnali di stanchezza, quel misto di malinconia, inaspettata debolezza e paura.

Camminando titubante e pensieroso, confuso da quello stato d'animo inatteso, hai provato a fare una telefonata a casa, ma hai desistito quasi subito per evitare di trasmettere inutili preoccupazioni. Senza trovare risposte, se non quella che avresti rispettato il ritmo della giornata, sei quindi rientrato nel grande dormitorio per osservare gli occhi dei pellegrini che continuavano ad arrivare chiedendo ospitalità. Alcuni sono approdati troppo tardi e le facce degli *hospitaleros* erano tristi nel dire che purtroppo non c'era più disponibilità. Un ragazzo di Bologna non si è scomposto più di tanto: «Che problema c'è, dormirò all'aperto!». Glielo hanno sconsigliato: le temperature nel corso della notte crolleranno e tutto intorno si aggirano cani affamati.

Hai quindi prenotato per la cena e ti sei sistemato in una tavolata lunga e stretta. Prima che arrivassero Alexandre e Scherine non avevi voglia di parlare, ma ecco le prime domande, le presentazioni, i propositi del cammino e le prime risate. Il cuore si scioglie e si apre alla vita. Ti mancherà.

I tuoi vicini di casa, i tuoi clienti, i colleghi e gli studenti ti salutano perché la buona norma così impone. Molti altri, liberi dagli obblighi normativi, non sentono il bisogno di fare altrettanto. Nella vita di tutti i giorni non c'è tempo da perdere, anche le parole vanno pesate. Ma se stai andando a Santiago è bello accogliere con un saluto le persone che incroci sul tuo Cammino. Ogni incontro è un richiamo alla diversità degli idiomi e degli accenti, spesso confusi e amalgamati dal vento caldo che soffia dal mare e che senti alla tua destra. *"Buen Camino"* e *"Hola"* ripetuti per venti o trenta volte al giorno, tutti i giorni e sempre con la stessa emozione. La gioia di alzare gli occhi e di incontrare altri pellegrini o abitanti dei villaggi che ti dicono: *"Buen Camino"*.

E poi il silenzio.

Non è l'isolamento acustico quello che vai cercando, la tua priorità non è l'eliminazione del rumore che ti circonda e non ti preoccupi del frastuono negli ostelli affollati. Non hai intrapreso il Cammino per vivere una "bolla" salutistica, come in quelle cliniche dove tutto è ordinato e organizzato, dove ogni dettaglio è pensato da manager sapienti che vogliono insegnarti l'arte del benessere. Non sei partito da Saint-Jean perché stai scappando da Milano, perché hai deciso di rompere con la tua città, no. Sei partito e hai deciso di camminare verso Santiago perché vuoi sperimentare il tuo grado di resistenza alla polvere e, certo, anche per svuotare la testa dai tanti pensieri che riempiono il grande *pentolone* che ti porti appresso e che ti appesantisce le giornate, ti rende nervoso e, a volte, incapace di sorridere.

Sei in strada da due giorni e cominci a sentire il *pentolone* più leggero, gli stracci e gli inutili affanni cominciano a perdersi nei sentieri laterali, il Cammino diventa più agile e il *pentolone* meno ingombrante. Niente mail o telefonate. Ti accontenti, anzi, richiedi l'*essenziale*, non ti preoccupi di rifornire la tua giornata di tante cose superflue. Non ti mancano le voci e le infuocate discussioni delle giornate lavorative.

Un compagno di cammino ti si affianca, ti sostiene e lo cerchi fin dalle prime luci dell'alba, non riuscendo più a farne a meno. Ti indica la direzione e ti dà forza, ti aiuta a sopportare i dolori lungo le tappe sterminate sotto il sole, ti rende affettuoso verso gli altri e ti suggerisce come porgere la mano al pellegrino in difficoltà. È il Silenzio, fratello Silenzio, che riempie di senso le ore sotto il peso dello zaino e ti consegna con rinnovata energia alla giornata di cammino. Il Silenzio è dentro di te e ti aiuta ad ascoltare le voci e i suoni che incontri lungo il percorso. Quando, sulla strada del ritorno, sbarcherai e prenderai il taxi o il treno sentirai tante voci intorno a te, ma poche ti evocheranno la pace interiore di Santiago. Con il silenzio fai i conti fin dai primi passi in terra francese, grazie a lui riesci a interrogarti e, in qualche modo, a metterti al centro di un'esperienza unica e travolgente.

Il Cammino è una vicenda personale. Maturi di farlo in totale solitudine e metti in conto che potrebbe succederti di tutto. Il pernottamento negli *albergue* non ammette scelte preventive, così come le cene comunitarie o le soste nei punti di *descanso*. Ti ritrovi con pellegrini di ogni dove, che vivono il tuo stesso entusiasmo e sopportano le tue stesse limitazioni. Sai che parlerai un inglese stentato e che non ti verranno in mente le parole in spagnolo, ma non ti dai per vinto. Non hai paura di rimanere solo, non ti scoraggi se la lingua non ti sorregge fino in fondo. Fin dal primo giorno ti butti dentro il Cammino sapendo che comunque non sarai solo.

Procedi in autonomia, ma hai tanta voglia di comunicare. Cerchi la parola e il sorriso degli altri pellegrini che ti camminano a fianco. E ti guardi intorno. Il gruppo si va formando. Avverti le prime affinità, avanzi e ascolti i racconti lontani. Poi ti stacchi e procedi in solitaria per tre o quattro ore. Alla sera ritrovi alcuni pellegrini che hanno scelto il tuo stesso *albergue*, si cena e si decide di partire insieme l'indomani.

Dopo soli due giorni si comincia a formare la carovana. Qualcuno ha annunciato che abbandonerà il gruppo, chi decide di andare oltre e chi si ferma perché stanco o perché le caviglie o le vesciche gli hanno imposto un arresto forzato. Chi entra e chi esce dal sodalizio, all'interno del quale vige un vincolo di solidarietà, ma anche un istinto di libertà: ogni pellegrino è solo con se stesso e insieme è protetto da una comunità che si mette in discussione a tutte le ore, perché ogni giorno è un trasloco. Si fa conoscenza vera della vita altrui, si parla del proprio lavoro e della propria famiglia, delle letture fatte da ragazzi, delle speranze, dei viaggi e dei sogni nel cassetto. Dopo due giorni, la carovana è come un circo, dove ciascuno assume un ruolo e un soprannome. Nomignoli che parlano di affetto, che evocano complicità e antichi ricordi d'infanzia. I numeri vengono registrati sul telefono solo con il nome, il cognome è lo stesso per tutti: Santiago.

Nel volgere di sole due tappe ti senti parte di una grande famiglia, di una carovana che si sposta di contrada in contrada come un'armata senza condottiero ma con la voglia indistruttibile di arrivare alla meta finale, dove speri di trovare le risposte alle tante, inaspettate domande.

Questa famiglia, la carovana, la senti tua, sono i tuoi nuovi amici, a cui hai spalancato il cuore e per i quali, senza spiegartelo, nutri un affetto particolare. Carovana in cammino, che è sempre pronta ad aspettarti e ad accoglierti. Ti mancherà.

Lo zaino

(Villava)

Non sei più abituato ai traslochi. Negli anni hai maturato un senso diffuso di stabilità, hai costruito i tuoi obiettivi consolidando i risultati raggiunti, al punto che le tue trasferte sono diventate intense, ma non più precarie. Ti sposti in taxi e in Frecciarossa per raggiungere Bologna e Firenze e in aereo per andare a Cagliari. Nella casa in Sardegna hai tutto l'occorrente per quando devi fermarti qualche giorno in più. In questo modo riesci a ottimizzare il tempo, a programmare riunioni e appuntamenti. Questa è la tua vita. E tuttavia non vedi l'ora di infilarti le scarpe per risalire i Pirenei verso Santiago, con addosso uno zaino completo di tutto l'occorrente per le innumerevoli esigenze del Cammino, ma non tanto pesante da farti soccombere quando, dopo otto ore di marcia, ti mancano ancora cinque chilometri per arrivare a destinazione.

Lo zaino è il tuo amico inseparabile, che cominci a preparare da Milano. Sacco a pelo, ciabatte, magliette, calze, pantaloni, mollette per stendere il bucato, telo per la doccia, mutande e altro. E ogni pezzo ha il suo peso che si aggiunge al totale. Tutto sulle tue spalle. Ogni cosa al suo posto. Dopo appena due tappe, la mattina all'alba, quando ancora le luci sono spente nel camerone affollato dell'*albergue*, sei in grado di rifare lo zaino a memoria e avverti un certo nervosismo se il sacchetto dei medicinali non è correttamente sistemato nella tasca esterna. È la tua casa, che disfi la sera e ricomponi la mattina come in un nuovo trasloco, giorno dopo giorno.

Zubiri è alle spalle e ora sei diretto a Pamplona. Anche quando la caviglia dolorante ti impone di rallentare non ti arrendi, non ne vuoi sapere di spedire lo zaino all'*albergue* che ti ospiterà a fine tappa. Piuttosto ritardi la partenza e aspetti che il ghiaccio contribuisca ad attenuare il dolore. Provi una soddisfazione indescrivibile quando, dopo venticinque chilometri, adagi il tuo amato zaino ai bordi del letto a castello che ti proteggerà nella notte stellata della Navarra. Così cammini, e ti riconosci pellegrino vero quando nelle salite lo zaino ti stimola a non fermarti, diventando il tuo vero compagno di viaggio. Fino a Santiago, dove non smetterai di guardarlo e ammirarlo. È lo zaino, la tua casa. Ti mancherà.

I *Mamuxarros*

(Cizur Menor)

Un uomo in maschera ti ha tagliato la strada. L'hai visto passare come un felino che dall'alto prende di mira la sua preda. È sbucato all'improvviso, vestito di bianco, con il volto coperto per celare la propria identità. Ti sei spaventato e poi guardato intorno, ma hai scorto solo il lembo finale del lungo lenzuolo che avvolgeva la sua figura.

Non hai potuto chiedere conferma ai tuoi amici pellegrini perché stai camminando in solitudine, però sei certo di averlo visto, non si è trattato di un'allucinazione. Vabbè, ieri sera a Pamplona hai fatto il bis di *sangria* e stamattina sentivi ancora un ronzio alla testa al momento della partenza.

Il suo passo veloce non ti ha impedito di cogliere la striscia rossa in vita e il grande fazzoletto fosforescente che gli copriva la testa e il collo. Ti è sembrato di intuire anche un naso pronunciato e degli occhi infossati, poi i baffi arricciati all'insù. Ti è passato davanti offrendosi al tuo sguardo spaventato, come a dire: "Guardami bene, pellegrino, dove credi di andare?". Intorno al petto aveva anche due campanacci, con l'intento di dare conto della sua inquietante presenza.

Che succede? Non è tempo di carnevale e non ti risultano feste tradizionali in questo periodo dell'anno. La maschera, poi, è scomparsa nel nulla, si è dileguata in mezzo ai campi ed è uscita dal tuo radar. Hai provato paura, ti sei chiesto se questo potesse essere un segnale, un avvertimento. Hai sentito le gambe tremare, anche se queste figure non sono affatto una novità. Nella tua Barbagia, anche fuori dal periodo carnevalesco, circolano i *Mamuthones*; indossano gabbani e campanacci, portano sul viso una maschera di legno nera, hanno il capo coperto da una *berritta* tenuta con un fazzoletto e indossano un ampio gilet in pelle di pecora. Li vedi sfilare per le vie della Sardegna sin da piccolo, vengono dal mondo agricolo, esprimono rabbia e protesta. I contadini e i pastori aspettavano il carnevale per sprigionare in forma sarcastica e violenta tutto l'astio accumulato nel corso dell'anno agrario. Tuttavia, quell'uomo avvolto nel lenzuolo bianco ti ha impressionato e messo in uno stato d'ansia.

Essendo in aperta campagna, non hai potuto cercare riparo da nessuna parte, non ti rimaneva che procedere, nonostante le gambe assomigliassero a due grosse pietre. Ti sei fermato a fare una ricerca. Li hai trovati. Pare che a carnevale, a nord-est di Pamplona, nella cittadina di Unanu, sfilino i *Mamuxarros*, maschere angustianti che agitano verghe di nocciolo per incutere timore e respingere chiunque si trovi nei paraggi. Non ti spieghi il motivo di questo avvertimento, non trovi ragione alcuna se non nel desiderio degli abitanti del posto di proteggere le terre che stai solcando, ricordandoti che non ti appartengono e che le devi rispettare in ogni gesto, in ogni momento e in ogni passo.

Dopo aver bevuto un sorso d'acqua, hai ripreso la marcia con fare guardingo, ispezionando ogni angolo e tenendoti pronto a ogni evenienza. Arrivato a Cizur

Menor, hai avvistato il campanile di una bellissima chiesa romanica. Senza esitazione alcuna, l'hai raggiunta nella speranza di trovare conforto. La porta era ancora chiusa e ti sei seduto ad aspettare. Dopo mezz'ora è sopraggiunto un volontario, ti ha fatto un sorriso e ti ha invitato a entrare. Hai raccolto il timbro sulla credenziale e hai iniziato una conversazione sul Cammino. In realtà cercavi conforto rispetto all'inquietante incontro di un'ora prima. Hai trovato il coraggio e gli hai raccontato l'accaduto. È scoppiato in una sonora risata e ti ha confermato che si tratta della maschera locale: sono i ragazzi del gruppo folk, che ogni tanto si travestono per incutere paura, ma che sono totalmente innocui e pacifici.

Nessun avvertimento, solo sana goliardia per rendere un po' più variopinto il percorso fino a Compostela. Ti mancherà.

Amati perché sei una creatura splendida

Cammina, perché sei nato per il Cammino.

Possa la tua testa camminare insieme alla tua anima

Possa il tuo corpo camminare insieme al tuo cuore

Possa il tuo spirito camminare in armonia con la Fonte

Hai scelto la gioia e la bellezza quando hai deciso di scegliere

Hai scelto di essere felice, libero, consapevole

Hai scelto il Cammino e il Cammino ha scelto te

Possa la strada distendersi senza confini davanti ai tuoi occhi

Possa il sole illuminare il tuo viso e risvegliare i tuoi sentimenti

Possa la luna accompagnare le tue notti di riflessione

Camminando imparerai a conoscere te stesso e così capirai gli altri

Camminando lascia andare il passato ma lancia solo uno sguardo al futuro

Camminando goditi appieno il presente, perché solo il
"Qui e Ora" è il momento che stai   vivendo

Amati perché sei una creatura splendida

Amati perché non importa da dove vieni ma sai dove vuoi
andare

Amati perché hai fatto una scelta e scegliere significa avere
coraggio

Cammina, cammina e non fermarti mai

E se ci incontreremo sullo stesso sentiero

possa l'Universo accompagnarci in cerca dell'Altrove.


(Antico cantico del pellegrino)

Il sostegno a distanza

(Obanos)

No, non è una fuga. La decisione del Cammino è maturata nel corso dei mesi, ne hai parlato in famiglia e con i tuoi amici, anche se, gelosamente, hai evitato di condividere tutte le incertezze e i dubbi che si sono susseguiti fino al giorno della partenza. Qualcuno ti ha detto di pensarci bene, un mese sotto il peso dello zaino per colline e montagne è faticoso e tu provieni da undici mesi di lavoro, anche di stress, sei tirato e forse avresti bisogno di un periodo di riposo al mare o nelle montagne del Cadore, prima di affrontare i sentieri della Navarra e della Castiglia. Hai ascoltato quelle parole con la doverosa attenzione, perché provenienti da persone amiche, che ti vogliono bene. Ti convinci che potrai anche rientrare dopo qualche giorno, fare solo un pezzo di Cammino, qualora il corpo o la mente non dovessero reggere. La mattina della partenza sei sveglio da presto, lo zaino è pronto e tu cerchi di fare ordine tra il Cammino che ti chiama prepotentemente e la vita reale che ti chiede ancora di pensarci con attenzione.

No, non è una fuga. È un momento di riflessione, una partenza che prevede un ritorno. È la ricerca di silenzio, ma anche la necessità di un contatto con luoghi e simboli utili al tuo pensare. E parti. Il viaggio in aereo verso Lourdes scorre veloce. Non riesci a dormire. Provi ad ascoltare musica, ma con la testa sei altrove. Quando scendi dall'aereo, devi organizzare la trasferta a Saint-Jean-Pied-de-Port e capisci subito che devi svoltare definitivamente, perché il Cammino richiede concentrazione e impegno. Quasi una liberazione. In quel momento realizzi che non puoi fare il Cammino con i pensieri rivolti alla vita reale, alle mail che continuano ad arrivare sul tuo iPhone, alle telefonate di clienti o amici che nulla sanno della tua decisione. Non leggi e non rispondi. Ora sei veramente pronto, solo con te stesso davanti alle montagne e poi ai sentieri della Navarra fino alle *mesetas*. Parti, procedi spedito con lo sguardo rivolto al cielo e con il pensiero, fin dalla prima tappa, a Santiago. A

Roncisvalle, dopo la doccia e prima di fare il bucato, entri nella chiesa della *collegiata*. Cerchi conferme e anche un po' di sostegno per andare avanti. Ti scappa una lacrima pensando a chi ha sostenuto la tua decisione e ti ha dato la possibilità di entrare nel Cammino. La prima notte è ormai passata, i dubbi sono rimasti fuori, il sorriso è contagioso e i tuoi occhi raccontano la gioia di essere sulle orme di San Giacomo. Senti il sostegno degli amici e della tua famiglia, di chi va in chiesa per accendere un cero e pregare affinché il tuo Cammino sia ogni giorno più bello e intenso. Senti i tuoi amici del Pensionato Trezzi che ti seguono dal Salento, che si ritrovano a cena pensando ai tuoi passi, chiedendoti una preghiera per le proprie famiglie. E leggi, all'alba, i loro messaggi che parlano d'amore. Ti risuonano le parole degli amici di San Patrignano: «Vivi fino in fondo questa grande esperienza, noi saremo con te». Capisci che il tuo non è più un cammino solitario ma un'esperienza che riguarda la vita di altre persone che hanno molto creduto in te e che aspettano dal tuo Cammino risposte importanti. E allora non puoi più permetterti di lamentarti del peso dello zaino, delle caviglie malmesse o di qualche vescica. Non puoi pensare di fermarti, di andare a dormire nelle comode case rurali o di godere di amene agiatezze che pure il Cammino riserva a chi le vuole cercare.

Qui a Obanos c'è aria di festa. Sei seduto a un tavolino di fronte all'*albergue* Usda, chi arriva e chi parte, nel Cammino non ci sono tappe fisse. Osservi il via vai e ti senti un pellegrino fortunato perché a casa, nella vita reale, ci sono persone che ti stanno seguendo e sostenendo e dovrai arrivare a Santiago con loro, per loro. Da tempo non provavi un'emozione così forte. Senti il vento in poppa: qualcuno ti sta accompagnando a Santiago, con profondi sentimenti di amore. Ti mancherà.

Il vento e le stelle

(Puente la Reina)

Dopo Pamplona, il Cammino assume una nuova dimensione. Ieri sera hai bevuto la migliore *sangria* di sempre, inaspettata e deliziosa. Hai fatto festa e ballato lungo le strade di San Firmino, dove si celebra la leggendaria corsa dei tori. È una città che vive la sua storia con orgoglio e spinta indipendentista, rivendicando il suo ruolo: dappertutto trovi scritto che è lei il capoluogo della comunità autonoma della Navarra. Pamplona è la sede di un'importante università, tanti giovani e sorrisi a ogni viottolo. Nel pieno della festa, hai però pensato alla tappa di oggi e ti sei dileguato per rientrare in *albergue*, dove, peraltro, alle 23 chiudono inesorabilmente il portone. È il *municipal*, le cui mura confinano con quelle della cattedrale. Ti sei addormentato ripensando ai volti delle donne e degli uomini mentre ballavano il *paloteado*, la danza tipica di queste zone, e allo sguardo di Lino che, incredulo, ammirava i tuoi movimenti a ritmo di musica.

Stamattina niente sconti. Alle sei eravate tutti in movimento per affrontare una delle tappe più importanti del Cammino. Hai lasciato che l'*albergue* si svuotasse, per poi partire.

Dopo cinque chilometri in salita, voltandoti, hai potuto godere della vista panoramica di Pamplona che ieri sera ti ha fatto sognare e, dall'altra parte, hai intravisto il proseguimento del Cammino verso l'Alto del Perdón. Posto a circa 780 metri sul livello del mare, ospita, insieme a un grande parco eolico, un monumento in metallo dedicato ai pellegrini in cammino. Reca la scritta: "Dove il cammino del vento si incrocia con quello delle stelle", una frase emblematica che racchiude in sé la speciale esperienza raccontata da chi intraprende questo viaggio. Un ragazzo argentino suonava la chitarra e cantava una canzone a te molto cara: *Follow the sun*. Non hai resistito e ti sei seduto al suo fianco. Terminata la canzone gli hai chiesto di ricantarla. Per un momento ti sei perso nel ricordo dei tuoi viaggi, dai ghiacciai dell'Islanda alle infinite steppe della Patagonia; hai chiesto di fare una fotografia insieme per immortalare quell'istante così evocativo e struggente. Una lacrima ha solcato il tuo viso, perché quando la gioia irrompe come uno tsunami non puoi che lasciarti andare, al pari di una zattera alla deriva.

La musica della piccola chitarra, accompagnata dalla voce rauca e suadente del pellegrino di Buenos Aires, ha concorso a rendere la sosta all'Alto del Perdón degna della sua fama. *Follow the sun*, segui il sole, quasi un invito a non fermarti e a riprendere la strada con la consapevolezza che potrai arrivare a Santiago solo affidandoti alla forza di *"messor frate Sole, lo qual'e iorno, è bellu e radiante cum grande splendore"*, secondo la lode di Francesco. E frate vento, che si incrocia con le stelle per indicarti il Cammino e fartelo sentire ogni giorno più amico.

Sei arrivato a Puente la Reina in silenzio. Sentivi solo il rumore dei tuoi passi e la voce del vento alla tua destra. All'ingresso del villaggio hai ritrovato i tuoi amici, nei loro volti leggevi tutto l'entusiasmo e l'emozione per la bellezza del posto che ti stava accogliendo. Qualcuno dice che a Puente la Reina inizi il vero Cammino Francese, dal momento che qui si incrociano il tracciato navarro con quello aragonese. Per te rimane Saint-Jean-Pied-de-Port la vera porta di questo cammino.

Ora sei sul letto dell'*albergue*, hai già fatto tutto ciò che il fine tappa richiede. Con gli altri pellegrini andrai a cena al centro del paese, qualcuno ha individuato la locanda, altri sono già scesi in piazza per consumare la *cerveza* in attesa del cibo ristoratore.

Mentre sistemi gli appunti, ripassi e metti a fuoco gli angoli sbirciati a Uterga, Muruzábal e Obanos, i tre paesini che hai attraversato prima di arrivare a Puente la Reina. Anche loro hanno diritto di "cittadinanza" e meritano una menzione nel tuo diario: ti hanno indicato la strada e ti hanno consentito di avanzare. Insomma, un ulteriore tassello del grande mosaico che si sta componendo tappa dopo tappa.

Luoghi e incontri che rendono il Cammino sempre più intimo. Ti mancherà.

# Dodici secoli di Cammino

## (Estella)

Sei seduto sui gradini del sagrato di San Pedro de la Rúa, antica chiesa romanica che, con la sua torre a pianta rettangolare risalente al XII secolo, domina la città di Estella. Per la verità, a Estella le chiese romaniche sono tante, al punto che è chiamata la "Toledo del Nord" per gli innumerevoli monumenti e simboli del Cammino che la caratterizzano. Già nel XIII secolo esistevano ben sei ospizi per i pellegrini, che vi alloggiavano in attesa di proseguire in direzione dei monasteri o di Nuestra Señora la Real.

Questo è il quinto giorno di Cammino e sei semplicemente estasiato. Tutto è al di sopra delle tue aspettative. Non avevi proprio idea della portata storica del "fenomeno Santiago". Ogni luogo, ogni angolo, ogni pietra porta a Compostela, al punto che non riesci a vedere nulla oltre al Cammino. Il legame è intenso, le comunità vivono del Cammino, lo avvertono nelle viscere. I ragazzi sentono parlare di Santiago fin dalla scuola primaria, i simboli e le leggende contribuiscono a fare il resto. In Spagna la fede avanza e sopravvive con i miti secolari; i riti tradizionali si consolidano di anno in anno perché i suoi abitanti, da Nord a Sud del Paese, hanno piena consapevolezza del loro passato glorioso in giro per gli oceani e i continenti. Pochi, però, ancora oggi sanno dare risposte esaustive al "fenomeno Santiago", pochi sanno spiegarsi il perché di questa tumultuosa crescita.

Per la verità, fin dalla scoperta nell'814 delle spoglie dimenticate da secoli dell'apostolo Giacomo e dei due discepoli, Teodoro e Atanasio, Compostela si vide invasa dai pellegrini. Nessuno seppe darsi una spiegazione. Sta di fatto che a fronte di tanto traffico, nell'arco del secolo successivo, la cattedrale venne ampliata e ricostruita per ben tre volte. Ma non vi furono solo crescita e benessere. Su Compostela si concentrarono le attenzioni degli arabi di Spagna, i quali, nel 997, decisero di espugnare la città, la misero a ferro e fuoco e salvarono solo il sepolcro. Quasi un secolo dopo, il vescovo della vicina città di Iria Flavia riuscì a riconquistarla e a ricostruire la cattedrale.

Con la riconquista per mano cristiana, riprese il flusso dei pellegrini, per poi spegnersi definitivamente con l'affermazione degli stati nazionali, dell'Illuminismo e delle rivoluzioni che interessarono gran parte dell'Europa. Fine di un sogno, fine di Santiago.

La rinascita è da collocare in epoca recente. Si parla dei primi anni Ottanta del secolo scorso. Nel 2000, i numeri sono nuovamente da fenomeno di massa, nel 2004, in coincidenza dell'Anno Santo Compostellano, Santiago diventa un fenomeno planetario. In ogni angolo del mondo trovi almeno un pellegrino che ha messo in conto di fare il Cammino, di portare i propri passi ai piedi di Giacomo il Maggiore.

Anche tu non riesci a darti una spiegazione, non sai perché oggi, 5 agosto 2017, ti trovi sul sagrato della chiesa di Estella, non sai esattamente come ci sei arrivato e perché ci sei arrivato. Sai, però, che la tua intenzione è di raggiungere Santiago in compagnia dell'amato zaino rosso e delle scarpe bianche, che ogni sera osservi, prima di sistemarle nello *zapatero* dell'*albergue*. Ti mancherà.

# Bisnonno Giovanni
## (Los Arcos)

Sei entrato a Los Arcos in solitudine, erano da poco passate le 14. Per oltre un'ora sei rimasto seduto sul ciglio della stradina, a cinque chilometri dal centro abitato. Hai lasciato andare avanti i tuoi amici, dopo esserti assicurato che non ci sarebbero stati problemi per la *cama*. Avevi voglia di riprendere alcuni pensieri che ti hanno accompagnato lungo tutta la tappa da Estella.

I campi che affiancano il Cammino sono ben tenuti: piccole proprietà delimitate dai canali, senza però i muretti a secco che ti ricordano la Sardegna. Qui in Navarra, terra umida e fertile, l'agricoltura la fa da padrona. Un'attività intensiva associata all'allevamento dei bovini, anche grazie alle foreste che regalano frutti naturali. Eppure, tutto ti riporta in Barbagia, dove i boschi e i frutteti sono ben pochi. Ora è secco, il giallo prevale sugli altri colori, insieme al marrone della terra abbandonata al giusto riposo.

Mentre osservavi il passaggio degli altri pellegrini e rispondevi al loro saluto, la tua mente è tornata indietro nel tempo. Anni Trenta a Orotelli, il paese era spaccato in due: da una parte gli *scalzi*, dall'altra i proprietari terrieri. Per i primi, ogni giorno era una prova di sopravvivenza, non c'era cibo e il raccolto dei campi era affare esclusivo dei ricchi. I massai lavoravano la terra dalla mattina alla sera, per un pugno di grano e due pere. Nelle case dei feudatari, invece, si mangiava la carne, i dolci e la frutta di stagione. Tuo bisnonno Giovanni faceva parte degli *scalzi*, sfruttato fino alla fine, senza diritti. Era un uomo mite e saggio, che ha saputo vivere e allevare i figli trasmettendo loro il senso del dovere e una profonda dignità. Essendo un uomo di resistenza non si è mai arreso, neanche quando ha dovuto subire il dolore più grande che un uomo possa sopportare: la morte del figlio Sisi, tuo nonno, morto schiacciato nella miniera ostile di Monte Nieddu, nel giugno del 1940. Superò anche questa tragedia, ma visse gli ultimi cinque anni chiuso in un silenzioso tormento e certamente pervaso da una rabbia senza sfogo.

Di lui conservi una sola fotografia, ogni giorno la guardi prima di uscire di casa, non puoi non farlo, è sulla parete del corridoio. Tu porti i suoi geni, a lui devi ancora delle risposte. Ha la barba bianca e lunga e indossa l'abito tradizionale; anche lui, come te ora, è seduto su una lastra di granito bianco, le mani scavate dal manico della zappa, le vene affioranti, il viso corrucciato e gli occhi fermi e penetranti. Sta dicendo al fotografo: "Fai in fretta, ho cose più importanti da fare". Non è mai uscito dal paese in cui è nato. Orotelli è stato il suo mondo, un mondo senza troppe pretese, se non quelle di dare risposte alle emergenze quotidiane della propria famiglia.

Una lacrima ha bagnato la terra ruvida dei campi di Los Arcos. Il ricordo di tuo bisnonno Giovanni ha segnato la tappa. Non sai spiegarti – o forse sì – perché proprio oggi sei ritornato sui passi dei tuoi avi. Forse perché, mentre tu, da intellettuale privilegiato, stai vivendo un'esperienza di vita unica, molti, compresi i tanti contadini che incontri lungo il percorso, spendono le loro ferie facendo da custodi ai campi di grano. Sai che questi contadini sono la parte più bella di un Cammino che ti sta chiedendo di andare fino in fondo, di sprigionare emozioni nascoste e ricordi dei quali non sei mai riuscito a parlare e con i quali è arrivato il momento di fare i conti.

Con la consapevolezza che chi ti ha preceduto continua a vivere oltre l'oblio, se solo dedichi loro un pizzico del tuo tempo, hai accarezzato la pietra che ti ha accolto e ti sei rimesso in strada. Avevi gli occhi ancora lucidi quando hai raggiunto i tuoi amici pellegrini all'*albergue* di Los Arcos.

«Tutto bene, Antonello?» ti ha chiesto Paola, l'insegnante elementare di Verona che hai conosciuto risalendo i Pirenei.

«Benissimo, pensavo a Giovanni…».

«Giovanni?».

«Un anziano barbuto di Orotelli, mio bisnonno, al quale voglio dedicare i miei passi di oggi».

«Ah, quando parli di Orotelli non capisci più nulla…».

Un sorriso e poi in fila a fare il bucato. Questa è l'ultima tappa in Navarra. Ti mancherà.

I penitenti

(Nájera)

Ieri sera hai partecipato a un momento di riflessione presso il rifugio parrocchiale di Logroño, un *albergue* di soli 30 posti letto. Prima della cena vai sempre a fare un giro per il borgo che ti sta ospitando. Stai camminando da sette giorni e sei completamente assorto, preso fino al midollo da un'esperienza che ti sta estraniando dal resto del mondo. Hai visto una freccia con su scritto: *"Reunión de peregrinos"* e l'hai seguita. In una stanzetta appartata hai trovato una decina di pellegrini in gran parte italiani e un prete sui trent'anni, anche lui italiano, di Belluno. Il titolo della conversazione era: *la penitenza*. All'inizio hai provato un senso di rifiuto, volevi andare via, ma ormai eri stato arruolato e non potevi permetterti un inutile sgarbo. Ti sei seduto ad ascoltare con il proposito di non aprire bocca.

Don Patrizio ha fatto il suo esordio rivolgendosi a te.

«Come ti chiami? Perché volevi scappare?». Hai fatto spallucce.

Così ha iniziato a parlare, a bassa voce, forse con l'idea di non compromettere la sensibilità dei suoi interlocutori.

Durante il Medioevo, ha spiegato, la gran parte dei pellegrini accorreva a Compostela in penitenza, per sciogliere un voto o una promessa, per ottenere la guarigione da una malattia o menomazione fisica (per questo molti morivano lungo il cammino) o per scontare una condanna inflitta dai tribunali civili o religiosi. In quei casi, il pellegrinaggio sostituiva la carcerazione nelle prigioni pubbliche. La tradizione di condonare le pene a chi avesse percorso il Cammino fino a Santiago si affermò soprattutto in Francia, Belgio e nei Paesi Bassi. Ciò che si andava affermando era, in realtà, il Cammino inteso come esperienza salvifica, come sacrificio offerto all'apostolo Giacomo per riavere la salute. Ancora, il Cammino come sanzione alternativa al carcere, come luogo di espiazione, esperienza di dolore e sacrificio per rimediare a un torto.

Finito di parlare, il prete ha recitato una lode in latino a te completamente sconosciuta.

Ecco perché volevi andartene, non avevi alcun bisogno di sentire quella concezione del Cammino. Tu sei in stato di grazia e non avverti affatto il senso di sacrificio o di dolore. Per te il Cammino è gioia e vita. Ma sei solo al settimo giorno di marcia, forse è il caso di fermarsi ad ascoltare. E ti sei fermato.

Don Patrizio è andato avanti con le sue citazioni e rievocazioni storiche, con l'esempio di santi e pellegrini comuni che in nome della fede hanno percorso scalzi molte tappe del cammino, offrendo dolore e preghiere, rinunciando al cibo e per alcuni giorni anche all'acqua. Poi l'intervento dei pellegrini presenti. Uno di questi, sui quarant'anni, ha ricordato la sua sofferenza, la depressione che lo accompagna da alcuni anni e il buio che lo circonda anche nei giorni di festa. Poi una preghiera comunitaria.

Quando è toccato a te, non riuscivi ad aprire bocca, eppure sei abituato all'uso della parola. Ti sei guardato intorno e non hai potuto fare a meno di comunicare, quasi scusandoti, il tuo stato d'animo.

«Io sono felice. Non so fino a quando durerà tutto questo, non so esattamente perché sono qui con voi o perché sto camminando verso Compostela. So, però, che ogni giorno aumenta la gioia e...».

Ti hanno guardato tra la sorpresa e un pronunciato distacco.

Nel tentativo di sistemare le cose, hai ripreso la parola: «Anche oggi, ai minori che commettono alcuni reati viene data la possibilità di evitare il carcere a patto che percorrano, rispettandone le regole, il Cammino di Santiago».

«Questo cosa significa?» ha domandato Don Patrizio con tono inquisitorio.

«Che lo strumento di redenzione non è la penitenza, ma il recupero di responsabilità verso se stessi e verso il mondo esterno».

Si è diffuso un silenzio surreale, forse per cercare di capire meglio, ma nei loro sguardi hai letto una malcelata disapprovazione.

«Vi saluto, torno dai miei amici» e li hai lasciati ai loro riti.

Quando sei uscito, il sole tramontava all'orizzonte e colorava di rosso le case della periferia di Logroño. Hai provato un senso di liberazione. A volte le immagini e i colori sanno comunicare più di tante prediche ed esortazioni. Ti mancherà.

# Le radici della memoria
## (Nájera)

Svuotato dai tuoi pensieri e senza più *benzina* in corpo, alle 14 hai bussato alla porta di una casetta diroccata: non avevi alternative. Hai insistito perché eri certo che qualcuno potesse ascoltarti. Secondo i tuoi calcoli mancavano solo sette chilometri a Nájera. Due galline spelacchiate e un gallo altezzoso se ne stavano al riparo sotto una capanna malferma e il cane tentava una timida reazione dal suo recinto. Al silenzio dei campi nessuno opponeva resistenza. Era una condizione statica, anche le tue gambe viaggiavano per conto proprio e sembravano disconnesse dal resto del corpo. Inoltre, era domenica. Al secondo rintocco hai sentito dei passi scocciati, decisi e sbrigativi raggiungere la porta.

«*Buenos días*». Hai salutato il giovane agricoltore cercando di non abbassare la testa. «*Buenos días*», la risposta dalla bocca impastata di patate e cipolle crude.

«*Una botella de agua, por favor*», quasi una supplica.

Senza più guardarti in faccia è corso in cucina sempre con il suo passo deciso, quasi a volere tracciare l'antico pavimento in legno di rovere.

Sei rimasto sull'uscio, cercando di schivare il sole incandescente e il gallo che nel frattempo si era appostato dietro la panca del *descanso*. Sono stati minuti interminabili, con la porta spalancata, le galline tramortite e il cane ormai abbandonato al suo silenzio.

D'un tratto, sulla scia del pavimento segnato dagli scarponi logorati dalla terra, è sbucato un bambino, non più di tre anni. Ti è venuto incontro, con un sorriso candido come l'alba di qualche ora prima a Logroño. Ha alzato la manina perché voleva farti vedere qualcosa, gli hai dato la tua, hai slacciato lo zaino e ti sei lasciato condurre. Oltrepassato il cortile, ti ha portato alla casetta delle galline, nonostante il gallo supremo minacciasse reazioni spropositate.

«*Cuál es tu nombre?*».

«Anibal».

Gli hai chiesto di ripeterlo perché non eri certo.

«Anibal».

La sua tenera manina ti ha fatto dimenticare l'affanno per la sete spaventosa delle ultime due ore. Ti sei girato verso l'uscio e hai scorto lo sguardo di suo padre, aveva con sé una bottiglia d'acqua ma non aveva fretta, anzi, ti ha indicato di fare con calma, di assecondare il percorso di Anibal.

Per un attimo, la tua mente è volata alla casa cantoniera dell'infanzia. Era il 1965. Anche tu avevi tre anni come Anibal. Tuo padre Gavino aveva vinto il concorso di cantoniere e l'amministrazione provinciale di Nuoro gli aveva assegnato il tratto di strada tra Orune e Benetutti. E, appunto, la cantoniera dove andare a vivere con tutta la famiglia. Vi trasferiste da Orotelli caricando all'inverosimile la Fiat 1100 di tuo nonno Antoniccu. Con mamma Santina anche Luisella e Rossana, quest'ultima aveva appena un anno. La cantoniera era di colore arancione, situata nel mezzo di un altipiano a 700 metri di altitudine, dove tiravano tutti i venti che abitano e frequentano ancora oggi la Sardegna. La corrente elettrica era fornita da una dinamo. Di fianco alla cantoniera c'era la casetta del forno e in fondo all'ampio cortile due enormi vasche per il bucato. Intorno alla casa, campi brulli, massi di granito e tante pecore. *Sa Ianna bassa* era un crocevia di traffici non sempre leciti e bisognava stare attenti, giorno e notte. Sentivi spesso i tuoi genitori parlare nervosamente: il posto era pericoloso. Ma tu eri felice. Giocavi con il cane e non avevi paura del gallo, nonostante più di una volta ti avesse azzannato.

Alle sei del pomeriggio iniziavano i preparativi per la cena, ricordi il profumo del sugo al pomodoro e del formaggio pecorino fatto riscaldare al fuoco del camino. Rimaneste solo sette mesi, poi rientraste a Orotelli. La casa era troppo isolata ed esposta a mille pericoli. Ma tu ricordi ogni dettaglio di quei giorni, anche il profumo dell'asfodelo e il colore intenso delle margherite. L'aroma del latte appena munto e la fragranza del miele amaro con cui mamma Santina vi preparava la merenda.

Nella cantoniera arancione de *Sa Ianna bassa* affondano le radici della tua memoria, sono i tuoi primi ricordi. In qualche modo, sei nato alla vita in quella casupola diroccata che rimane scolpita in ogni dettaglio in fondo al cuore.

La manina di Anibal si era fatta insistente, cercava di scuoterti e riportarti alla casetta che ti stava descrivendo in ogni dettaglio, più con gli occhi che con le parole.

Quando hai allungato il braccio per ricevere la bottiglia d'acqua, il padre di Anibal ti ha regalato il sorriso tipico di chi conosce l'animo umano. Ti ha augurato *"Buen camino"* e ti sei rimesso in strada, non prima di avere fatto una carezza ad Anibal. Chissà se anche lui, quando sarà grande, farà memoria del vostro incontro. È probabile che avvenga, per questo hai ripreso a camminare con vigore e gioia.

Ora sei a *El Peregrino*, l'*albergue* di Nájera, e stai sistemando gli appunti della giornata. Tutto intorno c'è fermento. Hai ritrovato Gianca, il giovane pellegrino di Zocca conosciuto a Lourdes all'uscita dell'aeroporto; lo avevi perso per strada, lui dorme sempre all'aperto, è vegano e non mangia nelle locande. Lo hai trovato smagrito e lo hai sgridato. Sei andato al bar, hai comprato un *bocadillo* con melanzane e cipolle e glielo hai offerto. Lo ha divorato insieme a una *cerveza* e ti ha regalato un sorriso ruvido e ricco di vita. Ti mancherà.

La *tortilla*

(Azofra)

Ogni mattina vieni assalito dall'ansia da Cammino. Le prime due ore di marcia sono insieme impegnative e di rinnovato entusiasmo. Quando ti svegli, dalla finestrella in fondo al camerone, vedi la stessa luce di quando ti sei addormentato. Sono le quattro, ti riavvolgi dentro il sacco a pelo e cerchi di dormire ancora un po', ma senza riuscirci. Controlli ancora una volta l'orologio e aspetti che i tuoi compagni di cordata facciano un semplice movimento. Alle cinque, finalmente, capisci che la giornata sta ripartendo: i pellegrini dei due letti a castello al tuo fianco sono in pieno fermento. Ti alzi, vai in bagno e ti disponi in fila per occupare il primo lavabo disponibile, fai la barba e cominci a organizzare il programma della giornata. Ti risciacqui con l'acqua fredda e ti spalmi un po' di crema sulla fronte, non vedi l'ora di rimettere in moto i muscoli e i piedi. L'alluce destro è arrossato, ma non ti preoccupi più di tanto.

Eccoti, quindi, a sistemare lo zaino e poi pronto per la prima colazione. Il latte caldo e il pezzo di torta alle mele ti danno la giusta carica. Incroci gli occhi degli altri pellegrini e sono vispi, impazienti di partire per il nuovo giorno di Cammino: sembra che tutti abbiano dormito almeno otto ore, ma in realtà alcuni sono stati in dormiveglia e altri hanno riposato per appena quattro ore. Eppure, sono carichi a mille, con la voglia di dimostrare a se stessi che si è ben oltre i limiti conosciuti. C'è chi vuole anticipare la partenza di mezz'ora, chi vuole arrivare per primo alla tappa stabilita e tutti, nessuno escluso, si ritrovano con tanta energia da sprigionare e con l'ansia di immettersi nel Cammino il prima possibile. Così, senza che il sole sia ancora spuntato, l'*albergue* si svuota, quasi fosse lo stadio di San Siro dopo una partita di calcio. Quindi la strada, il Cammino con le sue frecce gialle e i suoi misteri all'orizzonte. E vai, vai, due ore a testa bassa, aggredendo dolcemente le prime luci dell'alba e assaporando il profumo dei girasoli al loro risveglio. Cammina, cammina, pellegrino, perché al primo pit-stop avrai il banco allestito dagli *hospitaleros* nei punti di accoglienza e troverai aperte le porte di molte case per darti ospitalità.

Riprendi a camminare, vai forte, il tuo corpo risponde alla perfezione, ti senti quasi un atleta. Ora sei fermo ad Azofra. È il momento di una seconda pausa, hai voglia di qualcosa di salato: non ti resta che assaporare, finalmente, una fetta di *tortilla*, la frittata all'uovo confezionata con patate appena lesse. Vero ristoro, meritato premio per chi ha deciso di andare oltre i propri argini fisici per tenere fede all'impegno assunto nei confronti di San Giacomo. E mai ti verrebbe in mente di mangiare, in una pausa dal tuo lavoro, un'omelette alle dieci del mattino. Ti mancherà.

Scarpe rotte

(Santo Domingo de la Calzada)

Alla periferia di Nájera sei stato attratto da un paio di scarpe rotte appese a un palo della luce. Per la verità all'inizio non ci hai fatto caso, ma poi sei tornato indietro, attratto da quel particolare che aveva interrotto la tua fuga in avanti. Dalla scarpa destra sbucava un fogliettino ingiallito, bruciato dal sole. Hai provato ad allungare la mano per prenderlo ma non ci sei riuscito. Nel frattempo, sono passati altri due pellegrini, marito e moglie: «*Todo bien?*», ha chiesto lui con aria sicura. «*Todo bien* ...», hai risposto sottovoce, facendo finta di sistemare lo zaino. Hai aspettato che si allontanassero e, con un salto, hai riprovato ad afferrare il foglietto, ancora senza riuscirci. A quel punto, hai cercato un supporto per sollevarti di almeno un metro. Ti sei guardato intorno senza trovare nulla di utile al tuo scopo. Dopo alcuni minuti, è sopraggiunto un piccolo trattore, hai alzato il braccio e chiesto all'anziano conducente di fermarsi. Gli hai spiegato che volevi leggere quel fogliettino incastrato nella calzatura. Il povero contadino ti ha guardato con una smorfia di disapprovazione mista a tenerezza. Ha avvicinato il suo potente mezzo consentendoti di salire sul parafango e quindi estrarre l'agognato foglio. Lo hai letto in piedi direttamente dall'alto del veicolo, lo hai riletto, hai cambiato espressione e, dopo aver riposto il pezzo di carta dentro la scarpa consumata dalla strada, sei sceso. Con l'aria di chi si vuole scusare, hai guardato negli occhi il tuo soccorritore e hai allargato le braccia con l'intento di riprendere di corsa il Cammino.

«*Que está escrito?*» ti ha chiesto, come a dire: "Non puoi lasciarmi come un fesso dopo che ti ho messo a disposizione il mio trattore".

«*Para caminar no necesitas zapatos sino tu corazón*» "Per camminare non servono le scarpe ma il cuore", hai scandito a bassa voce.

L'uomo ha riacceso il motore ed è ripartito velocemente, senza salutarti, con un gesto di comprensibile commiserazione.

Hai caricato lo zaino in spalla e ripreso a camminare, un po' ti sei vergognato del trambusto creato e della delusione negli occhi dell'anziano contadino. E hai rimesso in moto anche i tuoi pensieri. In realtà servono entrambi, il cuore e le scarpe, la forza fisica e la grande spinta del cuore. La dimensione spirituale è la vera scoperta di questo cammino. Prima d'ora non avevi sperimentato così tanta luce, forse semplicemente perché le strade della città non ti avevano consentito di assaporare la forza dirompente di tutto ciò che non riesci a toccare e a definire in una consistenza fisica. Lungo il Cammino stai trovando energia e determinazione, attingendo dalla dispensa dell'anima e affidandoti a quello che ogni giorno ti viene proposto e offerto, facendo un passo indietro rispetto ai calcoli di convenienza e alla ragione.

Le scarpe rotte non possono fermare o annullare il cammino, mentre con il cuore affranto e il morale a terra sarà difficile arrivare a Santiago. Forza, pellegrino, animo!

Hai davanti più di venti giorni di strada e dovrai caricare il serbatoio di energia e di vita.

Hai alzato lo sguardo e ammirato il sentiero illuminato da nuova luce, mentre le tue scarpe rispondevano meravigliosamente ai tuoi comandi. Il sole e la vita di Santiago. Ti mancherà.

## Santo Domingo de la Calzada

L'arrivo a Santo Domingo de la Calzada è stato diverso da tutti gli altri. Per gran parte del tragitto la pioggia ti è stata compagna, con le nuvole basse che sembravano quasi minacciare i tuoi passi. Ti sei sentito un po' più solo, hai pensato all'autunno che di lì a un mese si sarebbe riproposto, con i suoi tempi e le sue scadenze. Pioggia ma anche vento, a tratti freddo. Le suore dell'*albergue* sono state gentili, i loro sorrisi al momento dell'accoglienza ti hanno trasmesso i sentimenti del Cammino.

Dopo la sistemazione, con gli altri pellegrini hai deciso di visitare la cittadina, la più importante della provincia riojana. Pensieroso, hai percorso le strade del centro storico, cercando una risposta al perché questa cittadina porti il nome di un santo. Hai provato a chiedere in giro, ti sei rivolto ai gestori delle locande che ti hanno guardato quasi meravigliati, come a dire che certe domande non si dovrebbero neppure fare, perché chi percorre il Cammino non può ignorare Santo Domingo. Per non perderti del tutto e per colmare la grave lacuna, hai sfogliato la tua guida e hai navigato su Internet. Ti sei seduto su una panca di fronte alla chiesa e hai cominciato a leggere.

Santo Domingo fu uno dei più grandi benefattori della rotta jacopea e questa località rimane indissolubilmente segnata da una leggenda che rende il Cammino unico tra tutti i cammini verso Compostela. Di cosa si tratta? Pare che una famiglia di pellegrini, padre, madre e figlio, proveniente da Colonia, in cammino verso Santiago, fece sosta in una locanda a Santo Domingo. La figlia del locandiere si invaghì del ragazzo, senza essere ricambiata. Per dispetto e per vendicarsi dell'affronto subito, nascose nella bisaccia di lui un calice d'argento e lo denunciò per furto alle autorità del paese. Perquisito, il ragazzo fu trovato in possesso dell'oggetto prezioso e quindi condannato a morte. I genitori, nonostante il grande dolore, proseguirono verso Santiago. Al loro ritorno, passando per il villaggio, trovarono il loro figliolo appeso alla forca, ma ancora vivo, grazie all'opera di Santo Domingo che lo teneva ai piedi per evitargli il colpo di grazia. A quel punto, corsero dal magistrato del paese per supplicarne la liberazione. Lo trovarono che mangiava, aveva il tavolo imbandito di ogni pietanza. I due poveretti lo implorarono in ogni modo, sostenendo l'innocenza del loro figliolo ancora in vita. Il magistrato neppure alzò lo sguardo, anzi, li derise dicendo: «Vostro figlio è vivo come questi due polli che sto per mangiare!». Non ebbe finito di pronunciare quelle parole che i due polli si rianimarono e presero a cantare.

In memoria di questa leggenda, all'interno della cattedrale è collocato un pollaio. Tutto l'anno le galline convivono al fresco della balaustra, tra turisti e pellegrini che scattano le fotografie e i fedeli che invocano la grazia della fede perseverante.

La vita del ragazzo rimase letteralmente appesa a un filo e fu salva grazie alla pazienza di Santo Domingo, tenace fino in fondo nel credere all'innocenza del poveretto.

Santo Domingo, detto *de la Calzada*, cioè della strada, fu un frate che dedicò gran parte delle sue energie al culto di

San Giacomo, tracciando la rotta da Nájera a Redecilla e costruendo *hospitales* per l'accoglienza dei pellegrini.

Storia meravigliosa.

Ti sei perso ripensando alla risolutezza e alla fede di questo grande frate che morì nel 1109 e che ora riposa in pace nella cattedrale. In ginocchio hai voluto pregare davanti alle sue spoglie, hai immaginato il timbro della sua voce, hai pensato alle storie che raccontò al povero ragazzo appeso alla forca, in bilico tra la vita e la morte.

Uscendo dalla cattedrale hai ritrovato i tuoi amici pellegrini, la voce dei più giovani ti ha ricordato la bellezza dell'innocenza e anche del tuo lavoro, quando finalizzato all'ottenimento di sentenze giuste, mai contrarie alla vita.

Al rientro in *albergue*, appena varcata la porta, hai sentito il calore proveniente dalla *cocina*. Non sei andato al camerone, hai voluto deviare direttamente verso il caminetto, che ti ha accolto con la melodia della legna che si fa brace. La luce rossa ha accompagnato il canto delle ragazze di Parigi, sedute in cerchio dinanzi al focolare. I loro sonetti ti hanno riscaldato il cuore. Il vento freddo e la pioggia si sono così sciolti in un lontano ricordo. Hai dato una mano a preparare la cena e poi hai parlato a lungo con i compagni di tavolata di questo Cammino che sta solcando in profondità la tua vita. Ti mancherà.

*Ponende passos*

(Redecilla)

La nottata è trascorsa nel silenzio del convento. Dopo i bagordi della cena, la quiete è tornata sovrana. Ti sei svegliato prima del solito e hai sbirciato dalla finestrella per capire il da farsi. I tuoi amici pellegrini dormivano tutti. Hai messo in spalla la *mochila* e sei sceso verso la *cocina*, il tizzone di olivastro continuava a bruciare nell'ampio camino. Hai lavato la scodella e fatto riscaldare il latte, poi hai afferrato la scatola dei biscotti, quelli secchi che tanto vai cercando di tappa in tappa, e hai organizzato al volo la macchinetta del caffè. Quindi, hai messo il naso fuori dalla porta e ti sei affacciato direttamente in strada: non c'era anima viva, era ancora buio e faceva freddo.

Dopo un momento di esitazione, hai lasciato sul tavolo un biglietto per i tuoi amici, sistemato le tazze e il frigo e sei uscito in strada per dirigerti alla volta di Belorado. Battevi i denti dal freddo, il *pile* non era sufficiente a scaldarti; hai quindi ben pensato di accelerare il passo, stando attento a evitare le pozzanghere provocate dal temporale della notte.

Per la prima volta, il tuo passo era compulsivo e pesante, quasi a volere aggredire il terreno. Inoltre, riflettendoci, non avevi alcun motivo di partire al buio: da Santo Domingo a Belorado sono solo ventiquattro chilometri.

Camminavi e cercavi di fare ordine, non riuscendo in alcun modo a capire le ragioni di quella separazione dai tuoi amici, quasi una fuga in avanti, un volere prendere le distanze. Perché? Cosa ti ha disturbato? In realtà, tutto procede alla grande, da Saint-Jean è un susseguirsi di emozioni e scoperte, tutto si presenta ai tuoi occhi con naturale candore. Allora perché sei sgattaiolato via come il ladro che ha paura di essere scoperto?

Non hai avuto il tempo di fare chiarezza e di cercare possibili risposte. La strada sterrata e il fango, con la complicità del buio, richiedevano la massima attenzione per evitare di finire nel piccolo torrente che finalmente ha trovato il suo corso dopo la terribile siccità degli ultimi mesi.

A Recedilla del Camino, dopo oltre dieci chilometri da Santo Domingo, hai finalmente fatto la prima vera sosta. L'alba cominciava a prendersi il suo spazio e due anziani contadini, felici e rinvigoriti dalla pioggia notturna, si apprestavano a mettere in moto il loro furgoncino per dirigersi nei campi, dopo avere consumato la colazione nel baretto all'ingresso del villaggio.

Le *tortille* non erano ancora pronte, sentivi il trambusto dalla piccola cucina posta a ridosso del bancone, una voce femminile impartiva gli ordini a un ragazzino poco più che quindicenne. Allora hai ordinato un altro bicchiere di latte bollente, questa volta senza caffè, due fette di pane morbido e un vasetto di marmellata ai mirtilli. La seconda colazione lungo il Cammino è forse il pasto più importante, quello che ti carica di nuova energia e ti consente di affrontare la tappa con assoluta sicurezza.

Quando ti sei rimesso in strada, hai incrociato una coppia, marito e moglie, sui settant'anni. Li hai visti arrivare nella tua direzione, procedevano con passo cadenzato, sembravano due ballerini della Scala, emanavano armonia. Così ti sei fermato per godere fino in fondo del loro passaggio. Quando si sono presentati davanti a te non hai resistito e hai chiesto loro: «*A dónde te diriges?*».

«*Vamos a caminar*», la loro semplice risposta.

Ti sei sentito un po' fessacchiotto, al punto che hai deciso di fare una seconda sosta prolungata. Avvertivi qualcosa non funzionare nei meccanismi del tuo cuore. Nella frenesia del Cammino hai scordato che si può camminare e basta, senza aggredire il terreno e scappare da qualcuno o da qualcosa. *"Vamos a caminar"*, *"ponende passos"* si dice nella tua Sardegna. Esprime uno stato d'animo, un modo di essere, un grande equilibrio con l'ambiente circostante: non è l'esercizio fisico che prevale, ma il sorriso di chi sta camminando, al punto che quei passi assumono il valore di una danza e di un canto che accompagna il cuore. *"Vamos a caminar"*. Ti mancherà.

Il bucato

(Belorado)

Quando corri da una riunione all'altra ti preoccupi di non arrivare in ritardo, anche per evitare di mandare all'aria gli appuntamenti successivi che riempiono la tua agenda. E quando finisci l'udienza in tribunale cerchi di rimediare un po' di tempo per scambiare due chiacchiere con i colleghi che, come te, sono spesso angosciati dalle imminenti scadenze. Quando finalmente ritorni in studio, tiri su le gambe, liberi la scrivania e respiri un po', prima di ripartire con le riunioni del pomeriggio. È la tua giornata tipica. Poi, quando sei in università, a fine lezione ricevi gli studenti con cui hai instaurato un bel rapporto, che ti seguono e cercano di rispettare le tue scadenze. Per fortuna spezzi il ritmo, prendi gli aerei e cambi postazioni, tra un volo e l'altro cerchi di dormire e recuperare un po' di energie. È la tua vita, l'hai scelta con deliberata passione e sei soddisfatto, anche quando ai tuoi amici dici di essere "tirato" e di voler "staccare la spina". E questa volta la spina l'hai staccata veramente.

Hai lasciato l'agenda a casa, non controlli la posta elettronica e non rispondi ai messaggi WhatsApp. Ti sei caricato lo zaino in spalla e hai deciso di risalire i Pirenei e poi di attraversare la Navarra senza voltarti indietro, di procedere dormendo negli *albergue* e mangiando nei locali che offrono il "menu del pellegrino". Hai anche deciso di camminare in silenzio, rispettando i tempi del Cammino, le sue regole, i suoi richiami. Quando arrivi a destinazione, dopo avere fatto la doccia, sei felice di metterti in fila con altri pellegrini per fare il bucato. Qualche volta consegni tutto alla *lavadora* e poi alla *secadora*, ma non le calze, quelle le vuoi sempre lavare a mano, con il sapone di Marsiglia. Su questo non si scherza. Le calze sono la tua guida e la tua salvezza, devono essere lavate alla perfezione, cioè strofinate e risciacquate più volte e poi messe al vento, sui lunghi fili dell'*albergue* o sugli stenditoi precari adagiati all'ingresso, tra la *cocina* e il dormitorio. E prima di andare a dormire vai a verificare che si siano asciugate. Qualche volta le trovi ancora umide e allora organizzi, ai piedi del letto, il filo che ti sei portato da casa, le stendi e aspetti l'alba, quando finalmente profumeranno del tuo lavoro e del sapone che, peraltro, utilizzerai anche per lavarti i capelli. Fare il bucato lungo il Cammino è un'esperienza quasi mistica. Ti ritrovi a Belorado, alle quattro del pomeriggio, sotto il sole impietoso a lavare le tue mutande, dopo venticinque chilometri di cammino. E sei felice. Senti l'acqua scorrere e percepisci appieno l'importanza di quel momento. Stai lavando i vestiti che domani ti consentiranno di rimetterti in cammino. Non hai l'armadio con gli abiti e le cravatte da scegliere, con te solo due magliette e due paia di calze, che sono ogni giorno più preziose e che imparerai a curare come fossero dei gioielli. E ti scappa un sorriso quando qualcuno che ti sta a fianco, incredulo, pensa che in realtà tu non sia un avvocato, ma un pellegrino che vive alla giornata. Sei felice di questi pensieri, perché in effetti vivi intensamente l'attimo, godendo del calore umano che solo il Cammino sa sprigionare.

Il bucato è il momento della purificazione: attraverso il sapone di Marsiglia il percorso si rinnova e le calze rappresentano il ritorno dei tuoi passi, quasi un resoconto della giornata. Ti piace fare i conti con loro, pensare che il Cammino riservi soddisfazioni anche nelle giornate di massima fatica, regalandoti libertà di movimento e di comunicazione con chi ti sta intorno. Con il pellegrino che condivide il tuo Cammino chiudi gli occhi quando reciti le preghiere e sorridi quando ti disseti all'ombra della quercia, perché il cuore sta registrando e accumulando emozioni da portare a Santiago. E ripeterai, tutti i giorni, il liberatorio rito del bucato. Ti mancherà.

Seconda stella a destra

(Belorado)

Agosto è il momento della sosta, hai un anno pesante alle spalle. È tempo di riflessione, finalmente puoi leggere i libri che si accavallano sul tuo comodino, fare alcuni lavoretti in casa, curare i rapporti con i tuoi amici più cari e persino dipingere, o perlomeno fare finta. Potrai alzarti senza l'angoscia delle corse in tribunale, abbandonare l'agenda e fare delle belle chiacchierate con i vicini di casa. Alla sera, potrai goderti l'aperitivo con i colleghi arrivati da Roma e, atterrato in Sardegna, andare in giro per nuraghi quando il mare ti risulterà di troppo. Tuttavia, hai scelto di trascorrere le tue giornate in cammino, passo dopo passo, giorno dopo giorno. Hai messo in conto di arrivare alla cattedrale di Compostela il 30 agosto. Sei concentrato e allo stesso tempo totalmente rilassato, in grazia di Dio. Ti alzi la mattina all'alba e non vedi l'ora di metterti in strada. Ogni giorno un pezzo nuovo. Da Roncisvalle a Zubiri, da Pamplona a Puente la Reina, da

Nájera a Santo Domingo de la Calzada. E cammini, ogni giorno più carico.

Belorado. È la notte di San Lorenzo, cerchi il cielo. Nonostante la stanchezza, ti stendi sull'erba bagnata e aspetti che una stella passi sopra di te per esprimere un desiderio, anche più di uno. Senti il rintocco della vicina cappella del monastero di Santa Maria de Bretonera: forse anche le clarisse, questa sera, alzeranno gli occhi al cielo per affidare agli angeli i loro desideri. Nel Cammino non ci sono limiti al futuro, tutto ciò che ti circonda è un inno alla speranza. E non puoi rassegnarti al fatto che proprio la notte di San Lorenzo le stelle si facciano attendere o si nascondano dietro le nuvole. Nessun dorma. A un certo punto ti accorgi che tutti i tuoi amici della cordata sono al tuo fianco, sull'erba umida ad attendere un segno dal cielo. E quando una stella si stacca e sembra venire ad abbracciarti, il silenzio dell'attesa è interrotto dal tripudio del cuore.

L'hai vista, la stella cadente del Cammino, l'hai vista venirti incontro e le hai chiesto di esaudire il tuo grande sogno. E guardi i tuoi amici, non chiedi, ma sai che anche loro hanno espresso il tuo stesso desiderio. Vuoi arrivare a Santiago, qualunque cosa accada. Tuttavia, sai anche che l'imprevisto è dietro l'angolo e che qualcosa potrebbe importi un rientro anticipato. E allora canti e chiedi che quella stella, la seconda a destra, ti indichi il Cammino e ti protegga fino alla destinazione finale. Questo il tuo desiderio profondo. Quando riprenderai a camminare, all'alba, ti sentirai più forte. Senti che quella stella a destra ti porterà a Santiago. Ti mancherà.

# Pellegrino che vai
## (San Juan de Ortega)

Sei partito da casa perché sentivi forte la necessità di fermarti per fare il punto della situazione e riavvolgere il nastro della tua vita. Hai preso l'aereo alla volta di Lourdes e hai raggiunto Saint-Jean-Pied-de-Port, ai piedi dei Pirenei, per percorrere la strada scoscesa che conduce in Galizia e rimettere a posto le idee. Hai anche deciso di fare tutto in solitudine, spinto dalla necessità di dedicare del tempo a te stesso. Hai tagliato ogni legame con il mondo per sperimentare il senso di un silenzio che, spesso, è negato dalla vita ordinaria; ti sei portato dietro quattro cose per non appesantire lo zaino, hai scommesso sulla tenuta dei tuoi piedi e dei tuoi tendini perché vuoi arrivare alla meta finale, ti sei imposto qualche fioretto ulteriore per ripulire l'anima e dare spazio all'ascolto. E ti sei messo in Cammino.

A Roncisvalle, al momento della cena in convento, ti imbatti nella faccia sorridente di un pellegrino barbuto. È

Alexandre, viene dal Brasile, ha due figli e un cuore grande. Ci parli, l'indomani cammini al suo fianco, condividendo la spremuta d'arancia o la *tortilla* al punto di *descanso*. Insieme a lui cerchi l'*albergue* in cui dormire e poi ti metti in fila per il bucato. All'alba, sempre con lui, prepari lo zaino per la ripartenza. E incontri e conosci altri pellegrini. Si forma un primo gruppo, si scambiano le prime parole, si memorizzano i nomi, si parlano lingue diverse. E si ride insieme.

Risalendo i Pirenei, Paola appare disorientata, ma determinata ad andare avanti. Ha lasciato i suoi alunni in attesa delle sue imprese, ha bisogno di alcuni giorni di riflessione prima di riprendere la vita ordinaria nella sua Verona. A Zubiri qualcosa in lei cambia, è diversa, un sorriso speciale le illumina il volto e i suoi occhi raccontano un'emozione profonda che solo a tratti riesce a trattenere. Lino e Clara vengono dal milanese, hanno in mente Santiago e non intendono derogarvi per nessun motivo al mondo. Sono zio e nipote, tra i due vi è grande sintonia e vero affetto. Lino tiene alto il morale lungo il

Cammino, Clara è curiosa dei mondi che incontra. E poi Sherine, viene dalla Malesia, dopo nove anni trascorsi in Australia. Comunica con il suo silenzio, i suoi occhi parlano il linguaggio universale, quello dell'amore. Altri si muovono con lo stesso ritmo, talvolta anche più veloci. Sono i pellegrini incontrati all'aeroporto di Lourdes: Daniela, Gianca e Pier. Sono i più giovani, tra i venticinque e i trent'anni, e trasmettono al resto del gruppo tanta voglia di andare avanti. Li vedi felici e pronti a ripartire, anche quando fanno i conti con il budget limitato. Amano la vita, amano il Cammino. Tutti, insomma, sono dentro il grande mistero che porta a Santiago. Ciascuno con il proprio passo, ma con l'occhio attento e sensibile per il pellegrino che ha appena conosciuto.

E la carovana procede, qualcuno allunga e poi rallenta, qualcuno si ferma, chi entra nella chiesetta per pregare e chi si siede sul ciglio della strada per fare riposare i muscoli, per poi raggiungere tutti insieme il villaggio. Il Cammino entra nel vivo.

Scrivi questi appunti mentre aspetti una risposta dinanzi al rifugio parrocchiale di San Juan de Ortega, dove c'è una gran ressa e zaini ovunque. Dopo circa un'ora compare Marco, l'*hospitalero*; allargando le braccia ti fa segno che non c'è più posto. Carichi lo zaino e ti rimetti in marcia alla volta di Agés. I muscoli si sono raffreddati, ma l'umore è rimasto immutato. Gli occhi di Marco li hai registrati nel tuo cuore, il vero taccuino del Cammino. Ti mancheranno.

Alonso

(Agés)

Sei arrivato in ritardo ad Agés e nell'unico *albergue* del villaggio non hai trovato posto. É scattata, spontanea, la gara tra i pellegrini: tutti si sono dati da fare per trovarti un letto, nessuno si è sottratto, nonostante le caraffe colme di *sangria* invitassero a proseguire la festa in totale spensieratezza. L'entusiasmo è stato, però, stroncato dallo sguardo serafico dell'*hospitalero*, il quale, con aria preoccupata, ti ha promesso un piatto di *paella*, ma nulla di più. I materassi sono tutti occupati, di brande neanche l'ombra. Ma non ti sei perso d'animo. Sei riuscito a fare il bucato e a sistemare lo zaino nello sgabuzzino della locanda, poi sei andato a fare un giro per allentare i muscoli, raggiungendo un piccolo museo alla periferia del borgo.

Alonso ti ha spalancato il portone e ti ha stretto forte la mano. Ha voluto raccontarti l'origine e la funzione degli arnesi appesi alle pareti. È un museo che ripropone la storia dei mestieri di campagna: forche, carretti, gioghi, falciatrici, aratri ed erpici. Hai ascoltato Alonso, ma ti sei anche rilassato: hai ripensato alla lunga tappa odierna e hai voluto registrare la gioia di avere davanti un signore che, sconnesso dal resto del mondo, ti stava regalando le sue emozioni. Ti sei fatto trasportare dal ritmo del momento, dalla lentezza con cui Alonso ti ha condotto lungo i tragitti della memoria del suo territorio e hai pensato a quegli arnesi, costruiti e conservati con mano maestra e profondo amore.

Il cammino viaggia anche negli utensili dei contadini della Castiglia e di León, è un'esperienza che si costruisce passo dopo passo, giorno per giorno.

Ripensi a quel momento e sei felice, vorresti proporre il cammino come "costruzione lenta" delle cose, contrapporlo alla tecnica che vuole bruciare le tappe perché interessata unicamente al risultato finale e intenzionata a semplificare le difficoltà della vita per sostituirsi al pensiero dell'uomo medio. La tecnica è diventata il fine, non più uno strumento al servizio dell'uomo, al quale si vuole togliere la gioia di sperimentare, sulla propria pelle, la fatica del costruire un percorso.

Hai immaginato Alonso impegnato a edificare la casa che ti ha accolto; lo hai visto entusiasta nel riempirla, pazientemente, di tutti gli arnesi di campagna. Ma Alonso, ormai, è fuori dalla storia. Nessuno più lavora il legno o il ferro. Le macchine hanno sostituito in tutto l'opera dell'uomo, la tecnica non solo sta togliendo qualità alle cose e alla vita, ma sta vanificando il senso della fatica che c'è dentro il *costruire*.

Quando eri piccolo, tuo padre possedeva una cassetta degli attrezzi e sapeva sostituire il tubo dello scaldabagno, riparare l'impianto elettrico e mettere a posto il caminetto. Tu, oggi, non sapresti riparare il motore dell'automobile o il cellulare; conosci solo quello che c'è fuori e non sai metterci mano, perché qualcuno, evidentemente per questioni economiche, ha voluto estrometterti dalla manualità. Nel sistema dell'economia avanzata, il concetto di riparazione non esiste più. Il *cartello* delle multinazionali e alcune piccole menti diaboliche hanno ridotto l'uomo a semplice consumatore e fruitore.

Nell'ascoltare le parole di Alonso, hai trovato un'altra importante risposta: il Cammino è un'occasione per ritrovare la capacità insita nell'uomo di *costruire pazientemente* un percorso di vita, come una goccia che va inesorabilmente a riempire il secchio. Il Cammino non si fa in un solo colpo, si fa a tappe, ogni giorno è un tassello che si aggiunge in vista della meta finale.

Dentro il Cammino troveranno spazio gli attrezzi di campagna che Alonso ha voluto mostrarti per indicarti la svolta che ti attende al rientro a Milano, quando penserai che tutto si possa risolvere estremizzando le categorie intellettuali della tua antica professione.

Il profumo dell'aratro te lo sei portato dietro e ti ha accompagnato per tutta la sera. Alla fine, il letto è stato rimediato: un'anziana signora ha messo a disposizione il suo freddo scantinato con un materasso e alcune coperte di lana. Notte fredda e stellata di Agés. Notte magica e di vita. Ti mancherà.

L'*albergue*

(Atapuerca)

Ti fa riflettere il fatto che nell'Europa cristiana e civilizzata si sia perso il senso dell'accoglienza. Lo straniero è pericoloso e colui che si presenta con gli abiti sporchi va tenuto a debita distanza. Ripensi alle conferenze in cui si parla di *prossimo* e *solidarietà* e ti chiedi se la tua vita sia effettivamente aperta agli altri, senza il pregiudizio della cultura e dei soldi. Te lo chiedi mentre stai facendo la fila all'ingresso dell'*albergue*, in cerca di un letto su cui dormire dopo la lunga tappa. Al tuo fianco e dietro di te ci sono solo pellegrini arrossati dal sole e con le magliette impastate di sudore. Quelli che ti stanno davanti dormiranno al tuo fianco, l'assegnazione del letto, *la cama*, avviene infatti per ordine di arrivo. L'*hospitalero* ti consegna un biglietto con il numero della tua postazione e qualche volta anche le lenzuola di carta monouso. Alcuni *albergue* del Cammino sono luoghi storici che hanno segnato il passaggio di pellegrini importanti, sono gli antichi *hospitales* come la *collegiata* di Roncisvalle o il Monastero di San Juan de Ortega. Quando entri in queste strutture, senti di appartenere a un cordone che lega il passato ai giorni nostri e non puoi fare a meno di assaporare la dimensione di spiritualità con cui vieni accolto. Non ci sono differenze, non c'è il corridoio preferenziale per i VIP e non c'è la sistemazione in prima classe; è sufficiente esibire la *credencial*, il vero passaporto del pellegrino. Tutti gli *albergue* del Cammino vivono delle stesse regole e si affidano alla sensibilità e all'educazione dei pellegrini. Nonostante l'*hospitalero* ti dia le istruzioni al momento dell'assegnazione de *la cama*, tu non lo ascolti più di tanto perché hai memorizzato le regole dal cammino precedente, sai che dovrai passare la notte accettando e salvaguardando gli spazi, spesso angusti, messi a tua disposizione senza nulla chiedere in cambio, salvo una piccola offerta (il donativo) per far fronte alle spese di pulizia dei cameroni e dei bagni comuni.

Fin dal primo *albergue* accetti di buon grado questa dimensione, ritrovandoti, come d'incanto, in una condizione completamente diversa dalla tua vita ordinaria. Capisci, infatti, che la promiscuità non è fonte di pericolo. Negli *albergue*, maschi e femmine, adulti e ragazzi condividono gli odori più svariati e si mettono in fila per entrare nei pochi bagni disponibili. Ti può capitare di dormire di fianco al pellegrino polacco che russa e parla nel sonno; dopo due ore di riposo, se ti svegli di soprassalto, senti l'aria rarefarsi e devi alzarti per respirare all'aperto, quando ancora il vento sta soffiando dall'Atlantico. Il fruscio dei sacchetti di plastica e le sveglie, che cantano fin dalle quattro del mattino, interrompono il tuo fragile sonno a volte innervosendoti; per un attimo provi anche insofferenza e vorresti, in un rigurgito di vita normale, far valere le tue ragioni. Ma quando ritornerai nel tuo letto, nella tua casa ordinata e accogliente, cercherai la promiscuità dell'*albergue*, dove le prese della corrente per la ricarica dei telefonini sono limitate, ma dove è possibile ascoltare musica dalle stesse cuffie. In ostello non trovi cartelli o divieti, tutto è affidato al cuore e alla sensibilità dei pellegrini.

Qui ad Atapuerca, dopo un'ora di marcia sostenuta, all'uscita da *El peregrino*, un *albergue* che dispone di cinquanta posti letto, hai visto un'anziana signora che cercava di caricarsi lo zaino in spalla e ti sei fermato ad aiutarla, mentre gli altri pellegrini proseguivano in silenzio. Ha bofonchiato qualcosa in un idioma a te caro, quel francese studiato negli anni del liceo. «*Merci*» ti ha detto Amelie prima di immettersi nel sentiero, con un sorriso che ti ha riscaldato i muscoli e il cuore. Ti mancherà.

# La cravatta blu

## (Hontanas)

Ieri sera, mentre gironzolavi per le vie di Burgos in cerca di un letto per passare la notte, è sbucato un signore tirato e curato in ogni dettaglio. Giacca scura con pantaloni attillati, camicia candida, cravatta blu molto stretta al collo e scarpe nere lucidissime. Sei stato attratto dal suo profumo, un misto di vaniglia e legno di sandalo. A un certo punto si è seduto in un bar nei pressi di Las Helguas, uno di quei locali tutti addobbati di specchi e quadretti antichi, più per respingere i poveri avventori che per attrarli. Ti sei accomodato anche tu e poco dopo è arrivato il cameriere con aria circospetta e quasi infastidita, come a dire: "Ma sei proprio sicuro di volere consumare qui da noi?".

*«El menú de bebidas, por favor».*

Te l'ha allungato con aria ancora più scettica. Intanto, nel tavolino vicino al tuo, l'altro cliente tirato a lucido veniva coccolato e accudito con tutte le attenzioni del caso.

Hai aspettato che ordinasse per poi decidere anche tu. «*Un Comte Lafon para mi tambièn*». Il cameriere è sbiancato, mentre sicuramente pensava: "Ma sarà in grado di pagarlo? Vestito com'è, poi...". Nel volgere di due minuti, al signore in giacca scura e pantaloni attillati hanno portato un ampio calice di vino con un piattino arricchito da quattro *tapas* a base di pesce. Dopo un po', è arrivato anche il tuo turno: un calice stretto e un piattino con due *tapas* e una pizzetta. Hai assaggiato il vino, poi, alzando la voce, come nelle migliori trattorie, hai chiamato il cameriere per fare valere le tue rimostranze.

«*Una copa grande para mi tambièn*» e gli hai restituito il calice che ti aveva appena servito. A quel punto, con fare cortese ma deciso come solo in quell'altipiano sanno essere, è sopraggiunto il capo. Ha voluto sapere il motivo di tanto baccano. Hai provato a spiegargli che avevi diritto allo stesso trattamento del signore in giacca e cravatta seduto a soli due metri da te. «Ha lo stesso trattamento», ti ha risposto.

«*Bueno, entonces tráeme la copa grande!*».

Ha abbassato la testa, è rientrato nel locale, si è diretto verso il banco e ha versato il bianco Sauvignon in un calice largo. Quando è tornato con il vassoio, gli hai spiegato che la dimensione del bicchiere serve a favorire la diffusione dell'aroma. Ha incassato la lezione al punto che il secondo calice voleva offrirtelo lui. Lo hai ringraziato, declinando l'offerta. Hai pagato e ti sei allontanato. Mai dimenticare che l'abito non fa il monaco! In un attimo, hai preso ulteriormente le distanze dal mondo dell'apparenza e dei ruoli prestabiliti. La cravatta blu, che pure ti accompagna nelle giornate lavorative, l'hai sentita banale e arrogante, un simbolo di prevaricazione e di inutile frammentazione delle relazioni sociali.

Voltato l'angolo, hai ripreso il passo alla ricerca di una *cama* per la notte e quando ti sei trovato di fronte a una profumeria ti sei fermato ad ammirare la tua immagine riflessa nella vetrina: la maglietta gialla e i pantaloncini azzurri con la scritta *Menneddu* li hai trovati ancora più attraenti e per nessuna ragione al mondo li avresti scambiati con la giacca nera e i pantaloni aderenti del signore dagli occhi felini e il mento pronunciato in avanti come la proboscide di un vecchio elefante.

Ti sei sentito libero e felice. Ti mancherà.

Ti sei imbattuto nelle *mesetas* sin dai primi istanti di preparazione del Cammino. Hai letto che è importante arrivarci preparato, che la vera prova non si gioca sul piano fisico ma su quello mentale, perché per almeno quattro giorni dovrai camminare circondato da interminabili distese di coltivazioni cerealicole. Ad agosto, dopo la mietitura, tutto intorno a te sarà giallo e brullo, a parte il letto dei fiumi, gli *arroyos*, in diversi tratti incredibilmente secchi. A quanto pare sarà un momento di difficoltà perché non troverai punti di *descanso*, ma solo piccolissimi centri abitati ogni 15 o 20 chilometri. Sei dunque partito con l'obbiettivo di entrare nelle *mesetas* e metterti finalmente alla prova.

Tutto comincia dopo Burgos, dove, peraltro, sei arrivato molto stanco, essendo stata la tappa da Agés parecchio impegnativa. A Burgos è in corso la grande festa che anticipa il Ferragosto. Le notizie non sono confortanti. Dicono che non ci sia un letto disponibile in tutto il perimetro della città. Ma non ti perdi d'animo. Con gli altri compagni di cordata raggiungi la piazza della cattedrale e affronti la fila davanti all'*albergue municipal*; siete in tanti, qualcuno dice che gli *hospitaleros* stanno organizzando una sistemazione di emergenza, pare a ridosso della cucina. Questa notizia ti restituisce energia e riprendi a sorridere e a parlare con la professoressa di Istanbul che ti precede di un passo. Quando, però, ti presenti al banco, scopri che non ci sono più *came* disponibili e che l'*albergue* è al limite delle sue possibilità.

Ma non ti arrendi, perché in cuor tuo sai che da qualche parte riuscirai comunque a sistemare lo zaino, la tua casa, e quindi a riposare. Verso sera, quando il sole illumina ancora il campanile della cattedrale, finalmente trovi il letto, poi anche una *posada*, dove, con il *menu del dia*, riesci a fare pace con te stesso. La scelta è interessante: zuppa d'aglio o di legumi, *paella*, patate fritte e pollo arrosto, su richiesta anche stoccafisso o baccalà, più il vino tinto della casa: il tutto a dieci euro. Soffia un leggero vento e il tuo cuore è nuovamente in subbuglio. Attraversi la piazza della cattedrale e incroci i turisti che soggiornano rilassati in questa splendida città della Castiglia.

All'alba, incroci le macchine municipali che lavano il selciato. A testa bassa segui le frecce e ti dirigi verso la periferia. Ti accompagna una leggera tristezza. Il mistero delle *mesetas* non ti ha fatto dormire nel modo giusto, entrarvi in solitudine ti costringe a porti tante domande, ma allo stesso tempo pensi che questa sia la direzione.

Lasci la città ancora addormentata e incroci un altro pellegrino, solitario come te. Qualcuno riparte, lascia il Cammino. Sei triste. Pensi ai giorni che ti aspettano, vai incontro a questa distesa di grano, senti le gambe impazienti di immergersi nell'arida terra che finalmente ritrova un po' di pace dopo la mietitura di luglio. E cammini, cammini.

Burgos è alle spalle: solcate dal Cammino che stai attraversando, le lunghe e interminabili distese si presentano imponenti ai tuoi occhi. Solo silenzio e vento intorno a te, ogni tanto una casa diroccata. Sembra che siano scappati tutti, che i contadini si siano rifugiati al fresco degli scantinati. Le fontane ti accolgono senza acqua. Il paesaggio è sempre uguale a se stesso, per chilometri e chilometri. Ti fermi per bere e per ammirare l'orizzonte, quindi la strada riprende la salita.

A metà pomeriggio, finalmente un centro abitato: Hontanas, a valle dell'altipiano. Un agglomerato di case, un centro agricolo che sta in piedi grazie al passaggio dei pellegrini. Trovi un *albergue* ad accoglierti, molto pulito, ordinato, con una piccola fontana per il ristoro dei piedi. Alla sera, a cena, il rito della *paella* e poi la grande festa con tutti i pellegrini. Non puoi, però, fare tardi, le *mesetas* non finiscono a Hontanas.

È ora di andare a dormire. I prossimi giorni dovrai fare i conti con la solitudine e il vento. Quando spengono la luce del camerone, provi a immaginare come saranno i borghi agricoli che ti accoglieranno, lo fai con un pizzico di paura, che, però, dura poco: sai che gli *hospitaleros* di Boadilla del Camino, Carrión de los Condes, Terradillos de los Templarios e di El Burgo Ranero ti accoglieranno e faranno di tutto per farti sentire a casa, mettendoti a disposizione una branda e del buon cibo. Con questi pensieri riesci a chiudere gli occhi e a immergerti nei misteri delle *mesetas* che senti già tue. Ti mancheranno.

# Le frecce gialle
## (San Antón)

Non esiste il Cammino senza le frecce gialle. Sono segnate per terra, sulle pareti delle case, sui pali della luce, sui cartelli stradali e sui cippi ai bordi delle carreggiate. Se c'è una cosa che ti fa sentire dentro il Cammino e che ti dà un senso di appartenenza sono proprio le frecce gialle, accompagnate dalla conchiglia. Ciò che provi è un senso di protezione, come un Angelo custode che ti prende per mano per portarti alla meta o come quando a prenderti per mano erano i tuoi genitori, facendoti sentire protetto, il bambino più sicuro e coccolato del mondo.

E cammini, cammini sempre con lo sguardo rivolto a quei simboli. Le cerchi agli incroci, quando il cuore batte forte a ogni salita, la mattina all'alba, quando riesci a distinguere solo le sagome delle case o degli alberi. E con l'immagine delle frecce ti addormenti di notte, sapendo che al tuo risveglio saranno lì ad aspettarti per riprendere il percorso verso Santiago. Non fanno parte del codice della strada, questo è certamente più strutturato e coerente, ti impone il suo rispetto ma non parla al tuo cuore, puoi farne a meno. Ma delle frecce gialle no, non puoi farne a meno.

Non è solo contemplazione e natura, il Cammino è anche fatica. Prima di tutto fisica. Ti svegli la mattina presto, gli *albergue* sono in fermento, un via vai tra torce e telefoni illuminati. Chi esce di corsa, chi si ferma a fare colazione. Le facce sono serene, tutti hanno le idee chiare e sanno dove devono andare, si è padroni del Cammino. Anche tu sai dove andrai, te li immagini quei chilometri, tanti chilometri, che ti stanno davanti. La fatica che dovrai affrontare per arrivare a Logroño o a Burgos. Ma sei felice, perché la fatica *è* Cammino e sarai soddisfatto solo quando i piedi e le gambe proveranno sollievo dopo la doccia riparatrice. E cammini, cammini guardandoti intorno, ammirando il giallo dei campi, un giallo sterminato, del grano mietuto da appena un mese e dei girasoli che si voltano al tuo passaggio, perché tu rifletti la luce del sole. E ti fermi a toccare le spighe sopravvissute, ti nascondi dietro le balle di fieno e scatti le fotografie, accarezzando la terra che stai calpestando. La senti dura e forte, questa terra che accoglie le tue fatiche mentre si riposa in attesa di essere nuovamente arata con le prime piogge dell'autunno. Il tuo sguardo spazia fino all'ultima linea dell'orizzonte, scorgendo il tramonto, con il rosso del sole che ti ha fatto compagnia nella giornata di cammino. Terra forte e accogliente, come questa che ti sta consentendo di scrivere gli appunti all'interno dell'antico e diroccato convento di San Antón. All'interno c'è anche un piccolo rifugio che però non visiti: la tappa sarà lunga e vuoi arrivare a Boadilla del Camino nel primo pomeriggio. Prima di rimetterti in marcia contempli le zolle arse dal sole che si perde nell'orizzonte verso l'Atlantico, dove gioca insieme al vento per la gioia del tuo cuore. Ti mancherà.

L'alba sul Cammino

(Castrojeriz)

Il tuo sonno viene interrotto dallo strisciare delle ciabatte del pellegrino che dorme al tuo fianco e dall'irritante rumore dei sacchetti di plastica nei quali la ragazza della Malesia custodisce le calze e le magliette. La luce irradiata dalla torcia di chi dorme nel letto a castello in fondo al camerone trafigge i tuoi occhi. All'alba mancano due ore, sono appena le 4:30, notte fonda per ogni cristiano, ma non per chi fa il Cammino.

La prima vera alba è a Roncisvalle. Sei sveglio e osservi quell'umanità che si agita, quasi dovesse partecipare a una serata di gala o andare festante in barca a vela lungo le coste della Grecia o della Sardegna. Nel giro di mezz'ora tutto il camerone è in fermento, salvo qualche pellegrino che, con i tappi nelle orecchie, si estrania e lascia che tutto si svolga a sua insaputa. Chi esce verso la *cocina*, appena illuminata, con lo zaino ancora da sistemare e chi si attarda invece ai bordi del letto. Nessuno parla, si incrociano sguardi rilassati che raccontano di un sonno ristoratore. Poi, dopo avere massaggiato i piedi, vengono prelevate le scarpe dai grandi scaffali per ritrovarsi, finalmente, tutti in strada, in quella penombra festosa, con la pila a illuminare i passi e a cercare la freccia gialla che indica la destinazione di Los Arcos. Fai colazione e aspetti di trovare un punto di *descanso* per rifocillarti come si deve.

Sono le 5:30. È ancora buio, vedi altri pellegrini camminare davanti a te, in silenzio. Metti in ordine i pensieri e accarezzi il muro ruvido delle casette che segnano la fine del villaggio. Lo lasci alle spalle, non tornerai indietro, ma quell'insieme di mura, persone e storie è già dentro il tuo Cammino. Ti ha accolto in pace, senza troppi preamboli, ha pensato a tutto: un luogo per dormire e per mangiare, uno per pregare e un altro per guardare le stelle prima di abbandonarti dentro il sacco a pelo. E tu te ne vai così, all'alba, senza neppure salutare, senza lasciare un segno di riconoscenza. E così di tappa in tappa. Volgi lo sguardo alla tua sinistra e immagini che ci sia un campo, che la terra riposi dopo la mietitura, senti il suo profumo forte e avverti che si sta svegliando dopo la notte fredda, in Navarra. Fai attenzione a non inciampare tra le pietre e punti la torcia verso il basso. Quando incontri la prima discesa cerchi di aumentare la concentrazione, non puoi permetterti di rotolare a valle, non c'è nessuno dietro di te e non ci sono case vicine, non le vedi, non ci sono luci, salvo quelle dei due pellegrini che ti hanno preceduto e che, con passo più veloce, ti hanno già distanziato. Dopo la discesa, nuovamente una salita, cominci a sudare dentro il *pile*, ma non puoi spogliarti, fa ancora freddo, così procedi con passo più misurato. Finalmente sull'altipiano, riprendi a camminare con animo sereno, sei più tranquillo. Alle tue spalle vedi l'orizzonte che si apre, le prime luci.

Albeggia. Il tuo passo è più spedito. Bevi un sorso d'acqua e cominci ad avvertire fame, la prima colazione non è stata sufficiente. Reciti una preghiera a voce bassa, non vuoi disturbare la campagna che ti sta accogliendo. E vai, vai, sempre più orgoglioso di essere ora in terra spagnola, direzione Santiago. E il sole avanza. La luce acquista un colore rosso fuoco, il vento della notte ha tolto ogni ostacolo ai tuoi occhi. Non puoi non fermarti. Fai una, due, tre fotografie. E con il sole ti accorgi che altri pellegrini ti sono vicini, sono dietro di te, procedono in silenzio e, una volta raggiunto, ti dicono: «*Buen camino!*», con un sorriso da spaccare in due le colline che segnano i tuoi passi.

Sono le 7:30, tutto l'altipiano è illuminato. Vedi le prime automobili sulla strada, poi i trattori e le donne che si recano nella chiesetta da allestire per il passaggio dei pellegrini. È come se, di volta in volta, ogni luogo si vestisse a festa per accoglierti. Tra Belorado e Villafranca Montes de Oca, l'alba acquista un sapore più forte, il sole si specchia sulle finestre delle case agricole e l'argilla delle pareti riacquista il colore della terra arata. Quando superi Tosantos e ti avvii a Valbuena, ti sembra di avere sempre vissuto in quei villaggi, talmente li senti familiari. Entrare, come stai entrando, con l'alba che avanza, nella chiesa di Nuestra Señora del Manzano, nel comune di Castrojeriz, ti dà una sensazione di pace e un'iniezione di forza per gli oltre venticinque chilometri che ancora stanno davanti a te. Dopo una preghiera, ti siedi all'ultimo banco e alzi lo sguardo per ammirarne l'imponenza e farti baciare dai primi raggi di sole che penetrano il rosone incastonato sulla facciata centrale. Il suo stile gotico ti riporta al duomo della tua città, ma qui, non sai spiegarti il perché, avverti un calore diverso: le pietre che lo sorreggono non sono fredde come quelle bianco ghiaccio delle grandi cattedrali europee. La *silleria de piedra* di Nuestra Señora del Manzano è di un giallo caldo, leggi il tempo che in essa si è accumulato e provi sollievo nel toccare l'argilla condensata sulla parte bassa delle pareti laterali.

Quando rimetti lo zaino in spalla, fai il segno della croce e vai spedito al punto di *descanso*, dove ordini un *café con leche*, una brioche, uno *zumo de naranja* e una *tortilla*. Ti senti rinfrancato e le gambe sono pronte a ripartire, più vigorose che mai. E tutte le volte che ti capiterà di svegliarti all'alba, a Milano, per finire di preparare l'udienza della mattina che si avvicina, penserai che no, non è l'alba del Cammino, con il suo profumo di campagna e la melodia che circonda la chiesa all'ingresso di Castrojeriz. Ti mancherà.

(Frómista)

*"Ultreya"*, vai oltre, è l'esortazione che vi scambiate voi pellegrini. Un gesto di solidarietà e di reciproca assistenza. Vai oltre perché non sei solo, altri pellegrini stanno camminando, chi è già avanti e chi sta per arrivare. Il Cammino è un luogo di accoglienza che ispira fiducia e, in qualche modo, crea protezione. È un luogo di pace e di mutua assistenza. Forse è per quel prendersi cura l'uno dell'altro, per l'attitudine ad assicurarsi che nessuno resti indietro, a tendere una mano a chi deve attraversare un corso d'acqua, ad ascoltare le storie di compagni sconosciuti, che il Cammino di Santiago sta diventando sempre di più il cammino delle donne. Pare che il 65% delle persone che viaggiano da sole siano donne.

Mentre leggi gli appunti fai un sorriso, questi dati non ti meravigliano affatto. La pace e la reciproca assistenza parlano sempre più al femminile, la malvagità al maschile, sono le cronache a dirlo. Sempre più mariti e fidanzati ammazzano le proprie compagne perché non ottengono ciò che vogliono. Non usano gli strumenti dell'amore per trovare una composizione ai conflitti. L'umanesimo integrale alberga prima di tutto nelle donne, cui la società e la politica dovrebbero lasciare più spazio e libertà di azione.

Eppure, gran parte dei simboli e luoghi fisici del Cammino sono al maschile, tranne a San Martín, nel centro di Frómista. È una chiesa romanica tra le più belle di tutto il Cammino. La sua fondazione si deve a Doña Mayor, la stessa nobildonna che volle il ponte di Puente la Reina nel 1066. La presenza femminile per il resto è sparuta, anche nelle gesta tramandate attraverso i miti e le leggende, salvo il caso di Santa Bona da Pisa. Aveva solo diciotto anni, quando, di ritorno dalla Terra Santa, decise di intraprendere, da sola, il cammino verso Santiago. Era il 1174. Non fu un cammino di svago. Lo fece per mettersi al servizio degli altri pellegrini: fu la prima *hospitalera* del Cammino di Santiago.

Hai provato a cercarla, Santa Bona da Pisa, ma sei rimasto deluso, nessuno ha saputo dirti niente, neanche negli *albergue*, dove si dovrebbe raccontare del suo coraggio. Una ragazzina che lascia tutto per offrire assistenza ai tanti pellegrini che da ogni contrada dell'Europa si mettono in marcia per nove mesi, senza soldi e viveri. Trovi invece esaltate le gesta dei Cavalieri dell'Ordine di Santiago, a loro è dedicato l'*hostal* di San Marco a León. Fu la sede principale dell'Ordine, che ebbe una parte importante durante le battaglie della *Reconquista* spagnola. Per non parlare dei Templari. Anche loro cavalieri maschi, che praticavano la regola cistercense. San Bernardo di Chiaravalle scrisse che: "Mentre gli altri cavalieri guarniscono i loro cavalli con tessuti di seta, i Templari non li si vede mai pettinati, raramente lavati, la barba irsuta pregna di polvere". Monaci-soldato che a differenza di Santa Bona non praticavano l'assistenza, ma difendevano con le armi i pellegrini diretti a Gerusalemme e a Santiago; attività, questa, agli occhi di tutti ben più valorosa della carità femminile. In realtà, i Templari furono soldati feroci e senza scrupoli, che divennero ben presto lo spauracchio degli infedeli.

Arrivato a Frómista hai salutato Simone, il tuo amico di San Miniato, e sei entrato a San Martín per fare una chiacchierata con Doña Mayor e Santa Bona da Pisa. Per chiedere un po' di misericordia. Sai bene che ancora oggi il mondo e la chiesa cattolica faticano ad accettare la centralità del pensiero femminile. All'uscita ti sei seduto sulla panca ai lati del sagrato e hai aspettato che passasse qualcuno. Quando hai visto sopraggiungere due pellegrine con lo zaino stracarico, ti sei alzato e hai fatto loro un cenno di riconoscenza: «*Gracias. Ultreya...*», hai esclamato.

«*Buen camino*», ti hanno risposto. Ti mancherà.

Stamattina è stata dura. All'alba hai lasciato Boadilla del Camino in uno stato d'ansia. Ieri sera, non avendo trovato posto al *Municipal,* ti sei rifugiato in un triste *albergue* alla periferia del piccolo borgo castigliano. Ma non ti sei perso d'animo, anzi, avevi voglia di ritrovare il silenzio dentro i festeggiamenti del periodo ferragostano.

Dopo avere cenato in una spenta trattoria del villaggio, hai camminato per le viuzze intorno alla garbata chiesa di Santa Maria. Rientrato in stanza, non sei riuscito a prendere sonno e hai finito per trascorrere la notte in bianco: ti succede quando le fragilità fisiche si incrociano con i pensieri che si accavallano in modo disordinato. Per questo stamattina rimettersi in marcia è stata dura, sentivi le gambe rigide e provavi freddo al passaggio dei trattori. Il vento dell'Atlantico ti attraversava il corpo e ti faceva sentire tutta la forza dell'altipiano che stavi calpestando. Boadilla del Camino si trova infatti a quasi 800 metri sul livello del mare e non concede tregua neppure nel mese di agosto, quando sprigiona le gelide raffiche del vento di ponente.

Superate le difficoltà iniziali per via di alcune frecce mal posizionate, hai lasciato il borgo per rimetterti nel Cammino a testa bassa. Sguardo verso l'orizzonte e concentrazione massima: stai attraversando le *mesetas* e non puoi permetterti sbandamenti. Le *mesetas* sono l'essenza profonda di Santiago, con loro devi e dovrai fare i conti per capire se veramente intendi arrivare al Portico della Gloria. Dopo due ore di marcia faticosa, hai ripreso il ritmo dei giorni scorsi e ti sei abbandonato al tuo passo spensierato. Quando finalmente il sole si è imposto in tutta la radura, l'emozione ti ha sovrastato e, adagiando lo zaino su un sasso e volgendo lo sguardo al cielo, ti sei ricordato delle parole di Francesco: "Signore, io mi metto in cammino sempre per raggiungerti e incontrarti".

Per almeno cinque ore hai camminato in solitudine, gli occhi brillavano alla vista dei campi ingialliti e delle zolle di terra rossa bruciata dal sole. Alle 14 sei arrivato a Carrión de los Condes, un villaggio di duemila anime e pochi posti letto. Non ti sei preoccupato di assaltare il primo *albergue* disponibile perché volevi godere del calore che le pietre volevano regalarti. Hai così mollato lo zaino sulla sedia della locanda diroccata all'ingresso del borgo e hai ordinato una *cerveza*, derogando ai tuoi adempimenti di fine tappa. Dalla *soledad* triste di Boadilla del Camino alla *soledad* felice di Carrión de los Condes, tutto nel volgere di un giorno! Ti sei sentito un privilegiato, chiudendo gli occhi ti sei detto che non avresti voluto essere in nessun altro posto al mondo se non solitario e felice a Carrión. D'altra parte, anticamente, la solitudine era considerata una condizione privilegiata, uno stato dell'essere in cui far fiorire la propria individualità. Solitudine deriva infatti dal latino *"sollus"*, cioè intero, a indicare la condizione di chi basta a se stesso e non ha bisogno d'altro per completarsi.

Scolata la seconda *cerveza*, hai chiesto all'*hospitalero* del monastero Santa Clara di assegnarti una *cama*, dove trovò ospitalità anche il poverello di Assisi. Hai svuotato lo zaino, fatto la doccia, lavato le magliette e le calze e scritto due appunti. Poi hai ringraziato il Cielo per il dono della vita intensa e candida che Carrión de los Condes sa regalare al pellegrino che lascia l'uscio aperto all'avventura. Ti mancherà.

Hanno chiuso la Cattedrale

(Carrión de los Condes)

La voce penetra nel camerone come un soffio di vento improvviso, gelido come solo il vento dell'Atlantico sa essere. Le parole non sono chiare, si confondono tra il brusio di chi sta per addormentarsi e di chi, da almeno due ore, si è lasciato avvolgere dal caldo del sacco a pelo. Nel primo letto, quello posto a ridosso dell'entrata, c'è un gran trambusto: si intravede la faccia del pellegrino argentino, stralunato e scocciato, che guarda lo zaino e non trova la forza di avvisare il suo compagno di cordata. I suoi occhi rimangono fissi sulla parete. Incredulo, guarda poi gli altri pellegrini ancora in dormiveglia. Spera di avere travisato le parole, gridate e scandite come un urlo nel deserto. Daniela, la *bolognese*, l'ultima a spegnere la luce nel dormitorio affannato dei viandanti di Carrión de los Condes, non si capacita, non riesce a credere alle parole dell'*hospitalero*. Si incrociano gli sguardi smarriti di chi è ancora sveglio. Angosciata, Daniela cerca conferme, chiede spiegazioni: «Sei sicuro?». L'*hospitalero* scuote la testa nella notte fredda, il vento che spira dall'Atlantico rende ancora più cupa la notizia, che ormai corre di contrada in contrada, da San Martín del Camino a El Burgo Ranero, da Calzadilla de la Cueza a Burgos, da Ponferrada a Portomarín. «Hanno chiuso la Cattedrale, hanno chiuso la Cattedrale!». È un rincorrersi di voci. Alcuni chiedono conferme, sperando che si tratti di un falso allarme. Non è ancora mezzanotte, il camerone è in assetto di guerra, come un plotone chiamato a intervenire dopo un attacco improvviso. Pare che l'*hospitalero*, nel frattempo, si sia ritirato nella chiesetta all'ingresso di Carrión. Nessuno prende il comando, le ragazze polacche non si capacitano di tanta agitazione. «Hanno chiuso la Cattedrale!». E tu rimani impietrito nel letto, non muovi un muscolo. Ti senti impotente, privo di forze, inchiodato al materasso. Non riesci a uscire dal sacco a pelo, vorresti capire cosa sta succedendo veramente. In fondo, all'ingresso del camerone, senti i due pellegrini argentini confabulare tra di loro, mentre cercano la guida del

Touring per verificare l'orario di partenza dell'autobus per León. "Ma come" pensi, "due che hanno già percorso duemila chilometri ora vogliono prendere il bus?". Vorresti andare da loro per avere migliori dettagli, ma non riesci a svincolarti. La ragazza tedesca piange, mentre riavvolge le magliette e sistema gli scarponi sullo zaino. «Hanno chiuso la cattedrale!». Decidi così di chiudere gli occhi e di attendere che si calmino le acque. Aspetti che Simone, il tuo compagno di cordata, rientri: è uscito dal camerone per avere notizie più precise. Lo vedi tornare, ha gli occhi lucidi e i capelli bagnati. «Non possiamo più andare avanti. Hanno chiuso la cattedrale di Santiago. Il Cammino finisce qui». Finalmente riesci a renderti conto di cosa sta succedendo, vorresti gridare e condividere con tutti il tuo dolore, vorresti parlare con qualcuno, capire il perché di questa decisione improvvisa. Ma non puoi, nessuno ti ascolta e non hai nemmeno il telefono a portata di mano. Poi, chi potresti chiamare nel cuore della notte? Chi sei tu per scomodare l'arciprete della Cattedrale di Santiago? Che ne sai tu di cosa sta succedendo in cattedrale? Ancora una volta, sudato e quasi impotente, ti adagi dentro il sacco a pelo, cerchi di rimanere vigile, di non riaddormentarti. Simone rimane seduto ai piedi del letto, il viso sporco di fango e i capelli sempre più sudici. San Giacomo ha voltato le spalle ai pellegrini, ha tolto ogni certezza a chi calpesta i sassi levigati da undici secoli di storia. Il Cammino con le sue frecce può anche rimanere, ma San Giacomo non è più disposto ad aspettare. Al dolore si aggiunge la rabbia. Poi la rassegnazione. Si spalancano le porte e le finestre non riescono più a trattenere il vento del Nord. Senti le forze mancare e il tuo grande sogno di arrivare in Galizia svanire nel volgere di una notte. Vedi anche tutti i tuoi compagni di cordata uscire dal camerone in fila indiana, uno dopo l'altro. A piedi scalzi, senza zaino. E tu rimani solo, intrappolato dentro il sacco a pelo, con le mani umide e la voce strozzata. Ancora un ultimo grido dall'esterno del dormitorio: è il lamento dell'*hospitalero* che ritorna sui suoi passi, dopo avere pregato nella cappella di Carrión, a ridosso della strada sterrata. È l'ultima voce della notte, poi crolli, ti arrendi, vieni sopraffatto dal sonno. E dormi, dormi come non avevi fatto fino ad allora.

Non ti svegliano neppure i rumori della signora che alle sette del mattino lava il pavimento dell'*albergue*. Ti alzi di soprassalto, finalmente libero dal sacco a pelo. Chiedi notizie degli altri pellegrini. Ti viene detto che sono tutti partiti alla volta di Terradillos de los Templarios. In *cocina* ti hanno lasciato due biscotti e un pezzo di pane. Ti accorgi che il vino *tinto* della sera prima ti ha giocato un brutto scherzo, è stato un sogno terribile. Ma ti aiuta a riflettere: pensi che senza San Giacomo e la sua cattedrale il Cammino non possa esistere.

Esci per strada e tutto ti appare più bello, con gli alberi, la polvere delle cunette e il fieno accatastato ai bordi delle cascine. Lo zaino oggi è più leggero e senti Terradillos a due passi. Il Cammino continua e diventa ancora più intenso perché la cattedrale di Compostela ti aspetta per accogliere le tue emozioni. Ti mancherà.

Un giorno, un anno

(Terradillos de los Templarios)


Perché, pellegrino, vuoi subito attaccare bottone con chi ti cammina a fianco? Perché dopo il primo saluto e un timido *"Buen camino"* ti viene da chiedere: «Italiano? Inglese? Da dove sei partito? Arrivi fino a Santiago?». E da lì il fiume che comincia a ingrossarsi. «Cosa fai? Dove vivi? È la prima volta che fai il Cammino?». Insomma, non vedi l'ora di entrare nel cuore e nella mente di chi come te ha deciso di sfidare le montagne e le *mesetas* e di dormire nei grandi cameroni con i letti a castello ammassati. Osservi quel pellegrino silenzioso e guardingo e aspetti che ti faccia le stesse domande. Le farà, altroché se le farà. E allora inizia lo scambio di informazioni e poi di commenti, di idee e di pareri sui sogni e sulle preoccupazioni che caratterizzano il Cammino. La giornata passa e si decide di cenare insieme, dopo aver cercato, sempre insieme, un posto in cui dormire. Dall'incontro casuale all'uscita dell'aeroporto alla condivisione di una prima giornata tutta vissuta sull'orlo dell'emozione. Ma come fai, pellegrino, a fare tutto questo? Non l'hai mai visto e sentito prima, e ora, di punto in bianco, ti prendi cura di lui. Alchimia di un Cammino che ti consegna la strada e la responsabilità di percorrerla con animo aperto e leale. Per questo ti affidi, parli della tua vita e dei tuoi problemi, ti senti compreso e accolto, totalmente libero dai giudizi e seriamente coinvolto in un moto di speciale solidarietà e affetto. E poi il secondo giorno e quindi il terzo. Il racconto va avanti e con esso la condivisione delle cose minute che sono poi le cose importanti del Cammino: lo scambio dei cerotti per le vesciche e delle creme all'arnica per i dolori muscolari. Ti sembra di avere di fronte un fratello che non vedi da vent'anni. In realtà, hai davanti un emerito sconosciuto al quale non potrai chiedere impegno alcuno perché, finito il Cammino, ritornerà alla sua vita lontano da te. E così con altri pellegrini che entrano a far parte del gruppo, anche se con il primo si stabilisce una forma di affinità elettiva.

E intanto, nel Cammino succede che in un giorno impari più cose che in un anno, senza tanti preamboli e paure. Un giorno di Cammino equivale a un anno di vita normale, in un giorno di Cammino si apprendono cose che nella vita ordinaria potrebbero non essere mai scoperte. Il Cammino ha regole diverse dal resto del mondo. Ti mancherà.

*Santu Jacu*

(El Burgo Ranero)

Dopo quattro ore di fuoco, sei stato soccorso da un pellegrino di Iglesias. A malapena riuscivi a parlare, sentivi un forte dolore alla caviglia e il giallo delle *mesetas* aveva lasciato il posto al grigio delle nuvole basse e minacciose.

«Dove siamo?».

«A Calzada del Coto» ha risposto Attilio, sorridente e premuroso.

«Calzà…?».

«Calzada del Coto… *mesetas*».

«So bene che siamo nelle *mesetas*…», hai precisato un po' scocciato.

Mentre Attilio ha raggiunto il piccolo bancale della frutta accanto a una casetta abbandonata, hai cercato di rimetterti in sesto per conservare contegno e dignità. Di fronte a un conterraneo è importante mantenere alto l'onore, per evitare che si diffondano messaggi fuorvianti.

«Bevi, ne hai bisogno».

Il succo d'ananas e la banana ti hanno riconciliato con il campo di grano intorno a te, la luce ha ripreso il suo posto e le nuvole malinconiche si sono dileguate.

«Come ti chiami? Da dove sei partito?».

«Antonello. Vengo da Saint-Jean».

«Sei sardo anche tu?».

«Nuorese, precisamente di Orotelli».

«Io di Iglesias. Sono partito da Pamplona. Ho pochi giorni a disposizione: conto di arrivare a León e poi rientrare in Sardegna, l'anno prossimo completerò il percorso. Tu prosegui fino a Santiago?».

«Con l'aiuto di Dio, vorrei arrivare a Santiago…».

Avete parlato per quasi un'ora, soprattutto del cammino isolano di *Santu Jacu*. Attilio è un ragazzo di trent'anni, lavora in banca e vuole cambiare vita. Poi, all'improvviso, si è alzato, ha rimesso in spalla la *mocilla* e si è dileguato.

«Ci vedremo in Sardegna…».

Nonostante i muscoli freddi e la caviglia dolorante, dopo due ore anche tu ti sei rimesso in marcia. Con passo lento ed evitando le buche della *calzada* sterrata, hai fatto ordine tra i pensieri. *Santu Jacu*. In Sardegna è molto diffusa la devozione per San Giacomo il Maggiore. Seguendo la tradizione spagnola, un gruppo di pellegrini ha dato vita al percorso sardo per collegare i quasi cento comuni in cui esistono chiese o rovine di *Santu Jacu*. Si tratta di un progetto ambizioso, che intende riscoprire l'attaccamento del popolo sardo all'apostolo prediletto di Gesù.

Sono oltre mille i chilometri del percorso, da Porto Torres a Cagliari, passando per Ozieri, Olbia, Nuoro, Oristano, Mandas e Serrenti. I volontari sono all'opera per la segnaletica e per sensibilizzare le comunità locali all'accoglienza in termini di Cammino.

Attilio ti ha spiegato i dettagli del progetto come una macchinetta impazzita. Ha elencato numeri e dettagli, protocolli e riconoscimenti da parte della Regione, accordi con le università locali e spagnole. Insomma, un fiume in piena. Non hai preso appunti, ti sei limitato a registrare il suo entusiasmo e la sua voglia di portare in Sardegna la magia di Santiago.

Hai ripreso a camminare pensando al forum del turismo culturale e religioso di Galtellì del 2012, nel corso del quale il rappresentante della Regione Autonoma della Sardegna ha riconosciuto quello di *Santu Jacu* come Cammino regionale, inserendolo come base portante della rete degli itinerari turistici, culturali e religiosi dell'isola.

Le dichiarazioni sono importanti, generano consapevolezza e appartenenza, stimolano all'impegno e alla costruzione del percorso e costituiscono il viatico per chi intende vivere in profondità l'esperienza della polvere e del silenzio.

Attilio ti ha seminato, ha due ore di vantaggio e anche il passo più lungo del tuo, non sai se lo ritroverai a fine tappa, ma senti che lo incontrerai ancora nelle strade assolate della Sardegna per continuare il Cammino e per guardarlo negli occhi: i suoi sono ricchi di luce e carichi di speranza. Poi ti dovrà aggiornare sul suo percorso lavorativo e dirti se alla fine ha trovato il coraggio di mollare la banca e il suo mondo.

A El Burgo Ranero sei arrivato stravolto. Finalmente è il momento della cena. Hai ritrovato il sorriso e le forze per raccontare gli incontri della tappa ai compagni di banco. Dalla cucina arriva il profumo del sugo al pomodoro. È inebriante, ti senti già un'altra persona. Tutto riparte, tutto ritorna al suo posto. Ti mancherà.

Quando esci dal Cammino

(El Burgo Ranero)

Vai spedito, pellegrino. Segui il ritmo dei tuoi passi, ti fermi quando i muscoli sono stanchi e riprendi con più vigore dopo il momento di riposo. Hai studiato e verificato la destinazione che fin dalla sera prima hai deciso di raggiungere. La mente e il corpo sono proiettati sul villaggio che ti ospiterà nella notte.

Oggi saresti dovuto arrivare a El Burgo Ranero e ci sei arrivato, ma sbagliando percorso, uscendo dal Cammino per oltre otto chilometri. E quanto ti sono pesati! Quando ti accorgi di essere fuori dal tracciato lo zaino pesa il doppio e le gambe tremano dalla fatica, la pianura sembra l'ascesa dei Pirenei e quasi ti senti estraneo al territorio che stai attraversando. Quei passi li avverti come una punizione in mezzo al fango, il vento che ti ha accompagnato per tutta la mattina, sospingendoti oltre ogni ostacolo, ora ti dà molto fastidio, tenti di proteggerti e vorresti respingerlo. Ma non ti fermi, riprendi a testa bassa e cerchi di ritrovare la strada, il Cammino verso Santiago, perché è qui che ritrovi la forza spirituale e fisica di andare avanti.

Hai voluto percorrere l'antica *calzada* romana e ti sei perso nel cuore delle *mesetas*. Ti sei ritrovato completamente solo, neppure un albero a farti ombra. Dopo l'ultima curva, però, finalmente la freccia gialla, quasi nascosta dalla polvere degli ultimi giorni. Il tuo volto si è illuminato di mille colori, ti sei sentito nuovamente invincibile e in forma come quando, alle cinque, sei partito dall'*albergue* di Terradillos de los Templarios. E neppure ti sei chiesto come abbia fatto a perdere la strada, forse la musica, i canti e le parole che risuonano forti nel tuo cuore. Alla fine, sei felice di avere sbagliato, di avere avuto la testa per aria e di essere poi tornato sulla retta via. Ti mancherà.

Un frate povero sotto il cielo di León

(León)

El Burgo Ranero ti ha messo alla prova. Sei arrivato stanco, non avevi più energia né voce. Nonostante la festosa accoglienza degli altri pellegrini, hai preferito rimanere da solo per riflettere sui passi della giornata. Hai mangiato un boccone e hai abbandonato, quasi fossi un fuggitivo, la lunga tavolata del rifugio *Domenico Laffi*. I tuoi compagni di cordata non ti hanno trattenuto, intuendo il tuo bisogno di solitudine. Sotto le stelle hai percorso un pezzo di strada laterale al Cammino, facendoti luce con la torcia che usi all'alba. Ti sei fermato alla fine del villaggio, proprio a ridosso della testata d'angolo dell'ultima casa di mattoni in terra cruda e paglia. Le pareti emanavano ancora il calore dalla giornata appena trascorsa, d'altronde, il gran sole di agosto non fa sconti a nessuno. Ti sei seduto su una lastra in granito rosa, hai alzato gli occhi al cielo e ti sei lasciato andare. Quando, dopo due ore, hai sentito una mano sulla spalla ti sei spaventato e hai cercato di reagire, senza però troppa convinzione. Simone ti ha svegliato con premura e ti ha preso per mano. Ti sei fatto guidare e, con passo nuovamente sicuro, sei rientrato nel camerone. Tutti dormivano, hai fatto appena in tempo a toglierti le scarpe prima di crollare sul letto come un pulcino stremato.

Con Simone stai camminando da Hontanas. È un taciturno, parla a malapena, anche se gli occhi comunicano immediatamente il suo stato d'animo. Lavora in banca, ma, come Attilio, il sardo di Iglesias, sta meditando la ritirata. Tu hai il passo più spedito, nonostante fisicamente lui sia più attrezzato di te. In realtà, ognuno ha il proprio passo, il suo volutamente rallentato per ammirare l'ambiente circostante. Alla sera esplode la festa. Ti racconta delle sue vicende lavorative e dei progetti di vita in quel di San Miniato, dove gli hai promesso di andare a trovarlo, magari nel percorso lungo la Via Francigena.

All'alba sei ripartito, Simone non ti ha chiesto nulla e tu non hai dato spiegazioni. Nel Cammino, i gesti contano più delle parole. Tappa lunga, tutta in silenzio. Dopo aver fiancheggiato un lungo tratto di strada ferrata, hai attraversato Reliegos e successivamente hai proseguito fino a Mansilla de las Mulas, storica città situata sul rio Esla. Passo dopo passo hai riacquistato la giusta carica, gli alberi a bordo strada ti hanno fatto da scudo, come fossero guardie del corpo chiamate a proteggere i pensieri dopo una notte di agitazione e paure. Dopo Mansilla, ancora frastuono e subbuglio. Ti sei ritrovato, infatti, a camminare a ridosso della strada statale, la trafficatissima N601. Il rumore assordante dei motori e delle ruote arroventate hanno invaso prepotentemente la tua testa. Hai cercato di allungare il passo, dicendo a Simone che volevi liberarti il prima possibile dall'insopportabile aggressione della strada. Hai insistito, nonostante le ginocchia e i tendini ti supplicassero di fermarti per non compromettere le tappe successive. Dopo un breve confronto, Simone ti ha seguito. Nessun rallentamento: nel Cammino non conta da dove sei partito, ma dove devi arrivare. Dopo Villamoros, Puente de Villarente. Ad Arcahueja ti sei fermato per rifornirti di due bottiglie d'acqua. È l'ultimo avamposto prima della destinazione finale, ancora due chilometri di strada sterrata e stretta. Pensavi fosse finita, ma hai dovuto fare i conti con un'altra salita fino all'Alto del Portillo, da dove, in lontananza, si intravede León, con la sua imponente cattedrale. Hai guardato l'orologio e ripreso a camminare, senza opporti al tuo compagno di cordata che ti chiedeva di mantenere il ritmo costante. Avete camminato distanziati l'uno dall'altro di almeno venti metri, ma ogni tanto ti giravi per assicurarti che ti coprisse ancora le spalle. Dopo avere attraversato un ponte pedonale, ti sei ritrovato dentro un grande incrocio, alla ricerca della freccia gialla. I grandi palazzi della periferia, con i loro abitanti, ti hanno riproposto il disagio di un Cammino smarrito, facendoti sentire, per un attimo, estraneo a quel luogo.

Ti sei fermato e hai proposto a Simone di alloggiare al primo *albergue* disponibile, ma ha rifiutato di arrendersi dopo una giornata di così grande fatica. «Dobbiamo raggiungere la cattedrale dove c'è il monastero benedettino. Dormiremo lì». Lo hai seguito senza opporti, sentendo che proprio quello sarebbe stato il rifugio per la notte. Hai attraversato una lunga arteria a quattro corsie senza più sentire la reazione dei muscoli delle gambe, mentre le ginocchia sembravano pronte ad abbandonarti da un momento all'altro. Ancora due incroci e poi sei entrato nel centro storico. Gli ultimi duecento metri li hai percorsi a testa bassa, riuscendo a guardare solo i piedi che strisciavano sul selciato di piazza Santa Maria del Camino. Quando hai alzato lo sguardo e hai letto "Santa Maria de Carbajal" hai capito che la sofferenza, almeno per la tappa odierna, era finita: davanti a te, finalmente, l'agognato *albergue*.

Hai lasciato lo zaino e ti sei seduto su una panca, in cerca di una bacinella per mettere i piedi a mollo, mentre Simone si è messo in fila per verificare la disponibilità di un letto in cui trascorrere la notte. Dopo un'ora di attesa, hai avuto la conferma che avresti potuto dormire nel camerone dedicato agli uomini. Sei riuscito a fare la doccia e a stendere le gambe. I due amici di Cosenza ti sono venuti incontro, guardandoti con tenerezza. Ti hanno offerto due biscotti e un succo di frutta, ma non sei riuscito a mangiare, la stanchezza ti ha fatto dimenticare la fame. Hai deciso di fare un giro per capire l'organizzazione del monastero. Suor Ana Maria, la responsabile della struttura, ti ha fornito le indicazioni fondamentali: orari della messa, della compieta e i turni per la cena nella piccola *cocina*. Hai poi fatto visita alla sala dei convegni, dove i pellegrini organizzati si ritrovano per le loro meditazioni. Dopo avere scambiato due parole con un pellegrino di Marsiglia, sei entrato nella cappella per recitare un Padre Nostro. Sei rimasto in piedi in prossimità del battistero, ma hai fatto fatica: la stanchezza era più forte di quanto pensassi; d'altronde, hai alle spalle trentotto chilometri e tanta polvere.

Sei quindi ritornato nel camerone e hai incrociato un pellegrino sugli ottant'anni, non uno qualunque. Intorno a lui hai notato una piccola folla, ti sei avvicinato per ascoltare le sue parole e identificarne l'idioma: uno spagnolo fluido ed eloquente. Ti ha fatto riflettere la sua capacità di scandire le frasi con tono possente ed evocativo e ti hanno colpito le sue mani e il suo piglio deciso. Hai provato per un attimo a immergerti nel futuro dei tuoi anni, pensando che nulla è impossibile allo spirito nobile. Ai piedi del suo letto hai notato un piccolo zaino e, sopra il cuscino, un *poncho* scolorito, un sacco a pelo, una maglietta verde scuro e un paio di pantaloni marroni. Lo hai ammirato mentre dava alcune precise disposizioni a un gruppo di ragazzi francesi, poi mentre parlottava con le due suore addette al servizio di accoglienza.

Senza pensarci troppo, hai quindi deciso di seguirlo. Sei uscito per strada standogli vicino. Dopo avere attraversato piazza Santa Maria hai provato a chiedergli qualcosa sul suo Cammino, senza però ricevere risposta. D'altra parte, lui non ha fatto domande. Quando sei passato dinanzi a un bar, gli hai proposto di bere una *cerveza* ma lui ha rifiutato l'invito, così lo hai lasciato andare per la sua strada. Dopo circa un'ora lo hai rivisto passare, sempre da solo, con passo veloce, tenendo stretta a sé una busta bianca, presumibilmente contenente un tozzo di pane secco. Hai così deciso di abbandonare la locanda dove eri entrato per mangiare una zuppa e di seguirlo fino alla cappella del monastero per la recita della compieta. Non lo hai abbandonato per un solo istante, neanche quando ha alzato le mani verso l'altare in segno di ringraziamento. Qualcuno gli ha lasciato libero il posto ma lui non si è seduto, non lo avrebbe fatto per nessuna ragione al mondo. Tu e gli altri pellegrini, invece, vi siete seduti per terra, con gli occhi chiusi, tra meditazione e stanchezza, mentre lui guardava il Crocifisso con la stessa luce dell'alba negli occhi. A quel punto hai sentito una nuova energia, come una fiamma nella notte fredda, hai provato anche imbarazzo, quasi un senso di inadeguatezza e ti sei alzato, affiancandolo e cercando il suo contatto. Per la prima volta hai incrociato i suoi occhi, ti sei sentito accolto quando ti ha chiesto di pregare con lui. Tutto così intenso. Senza aspettare la benedizione finale, ti ha detto che doveva scappare. Lo hai visto uscire con la stessa velocità di chi è atteso a un appuntamento decisivo, quasi ultimativo. Lo hai lasciato andare nonostante fremessi dalla voglia di sapere il motivo esatto di quella fuga.

Quando hai raggiunto il letto, nella penombra, lo hai intravisto dormire. Hai provato ammirazione, hai capito quanta forza riesca a darti l'equilibrio spirituale, quanto l'età avanzata non sia di ostacolo alla vita intensa allorché vi sia chiarezza di obiettivi e giusto affidamento alle stelle fisse che conducono il Cammino. Ti sei addormentato sereno.

L'indomani lo hai ritrovato in bagno, ti ha chiesto un po' di dentifricio e glielo hai passato. Non ha usato lo spazzolino, ma l'indice della mano destra. Si è lavato al volo, più svelto di una volpe, poi ha raggiunto lo scrittoio e ha disegnato due pellegrini intenti a consumare la colazione, caffè e latte con pane nero e marmellata. Quindi è ripartito, con il suo bastone e lo zaino. Non sai se lo rivedrai, quasi una meteora, un segno importante di questo Cammino. Un frate povero sotto il cielo di León. Ti mancherà.

# Ti conviene

## (León)

Ti hanno visto stravolto e annebbiato, quasi in stato confusionale. Le *mesetas* non fanno sconti a nessuno, neanche a te che tanto le hai amate e vissute. Non hai avuto neppure la forza di svuotare lo zaino e di fare il bucato come tuo solito.

Ti trovi nell'*albergue* storico di León, il luogo in cui soggiornò il poverello di Assisi. Antoine, il giovane pellegrino di Marsiglia, dopo averti offerto un pezzo di banana, si è seduto al tuo fianco, un po' per rincuorarti e un po' per darti le istruzioni. Lui ha studiato a fondo le tappe successive, essendo arrivato a destinazione già da ieri. Oggi, invece, ha voluto fare il turista per la città capoluogo della Castiglia e non vede l'ora di condividere la sua conoscenza del Cammino.

«*Voulez-vous vous rendre à Santiago?*».

«*Oui, si Dieu le veut*», rispondi a bassa voce.

«*Ne va pas à Villar de Mazarife. Vous devriez faire la promenade historique, vous économiserez 5 kilomètres*» "Non andare a Villar de Mazarife, ti conviene fare il Cammino storico, risparmierai 5 chilometri".

"Ti conviene, ti conviene…". Ti sei chiuso a riccio e, con una smorfia di sofferenza, hai fatto capire al marsigliese che vuoi rimanere da solo e che non hai nessuna intenzione di alimentare una conversazione ostile.

Perché tutto si misura in base alla convenienza? Perché spesso i ragazzi scelgono le scorciatoie per raggiungere i propri obiettivi?

Ti sei lasciato andare per cercare di recuperare le forze, ma non sei riuscito a chiudere occhio: il cuscino puzzava terribilmente, un misto di caffè e cipolla, da far venire il vomito, nonostante lo stomaco fosse ancora vuoto. Così hai deciso di reagire facendo esattamente quello che ormai ti ripeti incessantemente da più di quindici giorni alla fine di ogni tappa.

Dopo la doccia, hai incontrato un frate povero con lo sguardo ruvido ma accogliente. Lo hai seguito nei suoi spostamenti fino al momento della preghiera nella cappella dell'*albergue*. E hai ripensato alle parole di Antoine.

No, non hai nessuna intenzione di misurare i tuoi passi in base alla convenienza o al tuo tornaconto personale, non vuoi fare parte della schiera dei camminatori che segnano le tappe con il contachilometri, non ti interessa costruire record da esibire con gli amici quando ritornerai a Milano. Non vuoi essere un eroe che fa le imprese da raccontare ai nipoti. Vuoi essere semplicemente un pellegrino che si confronta con il tempo di un Cammino che ti sta scavando dentro, in un orizzonte che va al di là delle varianti e delle scorciatoie.

È arrivato il momento della cena, hai ritrovato le forze e il tuo cuore ti restituisce forti emozioni. Antoine si è dileguato, è andato a studiare le sue scorciatoie, mentre tutta la tavolata è in festa. Ti mancherà.

La doccia

(San Martin del Camino)

Lavarsi è tra le cose più usuali della vita ordinaria. Tutti i giorni, perché il corpo lo richiede e le persone che ti stanno accanto non devono subire la tua presenza. Ma la doccia del Cammino è tutt'altra cosa. Non vedi l'ora che arrivi quel momento: flusso veloce e pochi minuti a disposizione perché devi lasciare libera la postazione a chi viene dopo di te. Sulla pelle senti l'acqua calda che ti accarezza e ti purifica. Ti fa rinascere e ti fa sentire una persona nuova, regalandoti una vitalità da spaccare in due le *mesetas* e le vigne della Rioja. Dopo la doccia vorresti riprendere a camminare, sei felice e vorresti abbracciare i tuoi compagni di cordata che ti guardano con sincero affetto. Attraversi il dormitorio avvolto dal telo sintetico e raggiungi il letto, dove finalmente rimetti in libertà i piedi arrossati dalla lunga tappa. Per un attimo crolli e sogni. Quando ti riprendi ed esci nello spazio aperto dell'*albergue* vieni accolto da un clima di festa. Chi consuma un *bocadillo* e chi suona la chitarra, chi va in chiesa per una preghiera e chi cura le ferite dopo la tappa assolata, i più spericolati scrivono sul proprio diario. I ragazzi argentini hanno fatto gruppo con la cordata italiana, la tua cordata, e raccontano le loro storie sentimentali nei quartieri periferici di Buenos Aires. Ti siedi in disparte e osservi, immagazzinando sensazioni e immagini da portare a casa dopo l'arrivo a Santiago. Ti godi il momento.

Qui a San Martin del Camino sono *las seis de la tarde*, è il momento in cui ti lasci andare, quello in cui si decide dove mangiare e si scambiano fugaci impressioni sul percorso fatto, si chiedono aggiornamenti sullo stato delle caviglie e dei tendini di ciascuno. Un susseguirsi di emozioni e di nuove conoscenze. Il momento è propizio per una *cerveza* o per un bicchiere di *sangria*, ripensando a quella inebriante di Pamplona. Nell'aria c'è qualcosa di speciale, un'euforia contagiosa, non vedi l'ora di imbatterti nella *paella* o nel baccalà dell'Atlantico. È l'attesa, che rende felici tutti i pellegrini, li unisce in un unico canto e li trasforma in *comunità*. È l'incontro spontaneo di persone diverse che vogliono raccontarsi la loro giornata. Qualcuno si ferma a mangiare nella *cocina* dell'*albergue,* altri scelgono di andare nei ristorantini convenzionati dove servono il menù del pellegrino. Ti mancherà.

Cena comunitaria

(San Martin del Camino)

Alla fine, hai deciso di organizzare la cena in *albergue*. È il momento di capire quanti pellegrini si aggregheranno e di verificare se c'è tutto quello che occorre. Qui in Castiglia, come nel resto del Cammino, il cibo si ripete nelle sue pietanze, ma non ti preoccupi più di tanto, la fame viene prima di ogni altra cosa e non ti importa di mangiare ogni sera le stesse cose. Anzi, non ne vuoi sapere di piatti elaborati o inconsistenti, hai bisogno di carboidrati e proteine e c'è poco da fare i preziosi.

Il gas della cucina funziona regolarmente e le pentole sono sufficienti, anche se andranno ripassate con il detersivo e una spugnetta per i piatti; le posate sembrano a posto, il cavatappi è *sgarrupato* ma dovrebbe comunque assolvere alla sua funzione. Parli con Simone e gli proponi di organizzare la cena nella cucina dell'*albergue*, raccogli il suo consenso e gli dici di estendere l'invito o comunque di prevedere che potrebbero aggregarsi altri pellegrini.

Esci e raggiungi il piccolo market. La signora che ti accoglie ha ancora la faccia assonnata, la *siesta* non è stata sufficiente a farle recuperare le giuste energie. Ci sono solo due scaffali, uno dei quali è semivuoto. Cerchi gli spaghetti, ma non li trovi. C'è solo una tipo di pasta, dei fusilli maltagliati di un colore giallo intenso e di una marca sconosciuta, provi a leggere ma non ti dilunghi più di tanto. Ne compri sei pacchi, svuoti il ripiano. La signora ti guarda preoccupata, ti fa notare che sono le ultime confezioni e che se le porti via non riuscirà a soddisfare le richieste degli altri clienti. Allarghi le braccia e ti dice che sì, va bene. Poi cerchi i pelati ma trovi solo un vasetto di passata, nulla di promettente. Ripieghi così sui pomodori freschi, ne prendi due chili. Per il ragù vorresti della carne bovina macinata che però non vende. Ecco, allora, una confezione di prosciutto affumicato. Leggi l'etichetta, non è scaduto. Poi tre scatolette di tonno, una confezione di formaggio fuso e due di mais. Per finire, un chilo di pane di giornata, tre cipolle, un mazzo di basilico e due bottiglie di vino *tinto*.

Fai la strada fino all'*albergue* con quattro buste cariche all'inverosimile.

Quando entri in cucina trovi altri pellegrini che stanno verificando come te la presenza di pentole e posate. Hanno con loro scatolette di fagioli e succhi d'ananas. Scambi due sorrisi e ti metti d'accordo sull'orario per evitare di sovrapporvi.

Sbucci le cipolle e affetti il prosciutto, poi il basilico, accendi il fornello, versi l'olio d'oliva e cominci a preparare il soffritto. Quando tagliuzzi i pomodori senti addosso lo sguardo degli altri pellegrini affamati che ti guardano ammirati. Nel giro di venti minuti si diffonde in tutta la cucina un profumo di casa e ti ritornano alla mente le domeniche mattina a Orotelli, quando tua mamma preparava il pranzo della festa e non vedevi l'ora che arrivasse il momento di sedersi a tavola. Il gruppo si è allargato, due pellegrini di Colonia si sono seduti sul lungo tavolo e ti osservano come se fossi il grande chef di un ristorante stellato. I loro occhi reclamano accoglienza e aspettano un tuo segnale, che arriva spontaneo e naturale.

Avevi messo in conto di preparare per almeno venti persone. La notizia si diffonde e raggiunge il dormitorio. Il gruppo si allarga. Ai barattoli di mais e fagioli si aggiungono quelli di tonno e barbabietole rosse, qualcuno porta una bottiglia di aranciata. Simone è preoccupato. Lo spedisci a comprare altre due bottiglie di vino *tinto* e un altro chilo di pane.

Alle 19:30 l'acqua bolle nel grande pentolone. Fai la prova di assaggio, i fusilli sono al dente, decidi che possono essere scolati. Poi ancora in pentola per la scottata finale e consentire al formaggio fuso di fare il resto.

La distribuzione della pastasciutta ai pellegrini scavati dal sole è uno dei momenti più belli del cammino, sperimenti la forza e la gioia di fare comunità. Al momento del brindisi chiedi a tutto il gruppo di ringraziare Gesù per il grande dono del cibo, anche i due tedeschi, non credenti, chiudono gli occhi e pregano. Solo a Santiago succedono queste cose. Ti mancherà.

Il tempo nel Cammino

(San Martin del Camino)

Hai lasciato tutto a casa perché non vuoi rimanere intrappolato dal sistema delle scadenze della vita normale. Non hai con te l'agenda e hai rimosso dalla testa gli adempimenti che ti attendono al rientro. Entri in "modalità aereo". Il tempo non è più quello della città, del lavoro, degli esercizi in palestra, della cena prenotata con i colleghi, delle feste di compleanno con i parenti. Non è questo il tempo che accompagna i passi del Cammino. Ti senti dentro una nuova dimensione, dormi poco e tuttavia ti svegli raggiante all'alba.

Quando fai una pausa nel punto di *descanso*, ti soffermi a parlare con il primo viandante che ha in spalla uno zaino. Quando il tuo compagno di strada decide di andare avanti non ti preoccupi. «Vai» gli dici, «ci troveremo dopo». Ti affidi a un *dopo* che non conosci ma che senti ci sarà. Non sei preoccupato di perdere per strada il compagno con cui hai condiviso tre giorni intensi. E poi riparti, da solo, attraversando foreste e incroci stradali, sempre con la testa rivolta a Ovest, a Santiago.

Non c'è tempo da perdere lungo il Cammino, tutto è intenso, tutto richiede il massimo del coinvolgimento mentale e spirituale. Tutto è legato da un filo invisibile e da tanti simboli che ti fanno sentire protagonista di un'esperienza che ti travolge fin dal primo giorno di fatica. Il Cammino ti guida e tu ti lasci condurre, sapendo che dovrai fare tesoro per quando riprenderai i passi tra udienze e riunioni.

Non c'è tempo lungo il Cammino per Santiago, ogni istante è dedicato all'esaltazione della bellezza dell'alba e ai campi che ti circondano lungo la strada sterrata, sotto il sole cocente. Il telefono è spento, la testa sta immaginando il ritmo della giornata che sopraggiunge; i pensieri si sovrappongono e li vorresti racchiudere in un diario.

Con i muscoli tirati e le caviglie malconce, finalmente arrivi a San Martín del Camino. Entri, ti registrano, fai la doccia, poi il bucato, bevi una *cerveza*, cerchi di dormire e di ripensare alla strada fatta. Tutto, quasi in un baleno. Ti

mancherà.

# Via de la Plata
## (Astorga)

Oggi, all'arrivo, attraversando la via centrale di Astorga, sei rimasto colpito dal nome di un albergo e da un cartello stradale indicante: "Via de la Plata". Ti sei fermato e hai fatto una foto, hai preso le misure e osservato in profondità il viale, quasi un richiamo e un impegno. Poi hai proseguito verso l'*albergue* a ridosso della cattedrale.

Con gli amici della cordata hai stabilito un patto: nelle tappe successive vorresti avere il loro sostegno per garantire a tua figlia Chiara, che sta per arrivare, un punto di riferimento più sicuro. Da questo momento, per te, il Cammino assume un nuovo significato. L'arrivo di Chiara ti dà nuova energia e ti fa sentire ancora più forte la dimensione paterna. Lei ha 19 anni e quest'anno ha conseguito il diploma al liceo linguistico. Per festeggiare, è partita con i suoi amici per un viaggio in Sicilia. Rientrata a Milano, non ha resistito al richiamo di Santiago. L'anno scorso, insieme all'altro figlio Luca, avete percorso il

Cammino portoghese. Così, dieci giorni fa ti ha telefonato per dirti che ti avrebbe raggiunto ad Astorga. Sei emozionato.

Prima di lasciare il dormitorio, agli amici della cordata hai chiesto di darti una mano per cercare, da oggi, di camminare compatti e fare sentire a Chiara il calore dell'amicizia. Valentina, medico di Albissola, alle porte di Savona, non ha esitato un minuto: «Chiara sarà la *pequeña* della cordata. Sta' tranquillo, è già sotto la nostra protezione». Anche Matteo, ugualmente di Albissola, innamorato della dottoressa, ha risposto affermativamente all'appello. Poi Michele da Civitavecchia, appena arruolato, dopo una tappa durissima da León, padre di tre figli, ha esclamato: «Eccomi! Sono pronto a fare la mia parte». Daniela, bolognese ma con radici in Romania, ti ha semplicemente abbracciato. Niccolò, bolognese anche lui, il più giovane della cordata: «Finalmente si abbassa l'età media del gruppo!». Marzia, milanese, ma trasferitasi nel cremonese, da buona mamma, sottovoce: «Antonello, un po' ti invidio. Anch'io avrei voluto con me mio figlio Andrea, però è ancora piccolo». Quindi Simone: «Le chiederemo di svelarci i segreti di suo padre, solitario e silenzioso durante il giorno e straripante a fine tappa».

Commosso dalle parole dei tuoi amici, alle 16 hai deciso di uscire. La Via de la Plata ti è rimasta impressa. Hai ripercorso la strada centrale, sei tornato all'Hotel La Plata e ti sei seduto su un muretto. Hai afferrato la guida e cominciato a leggere.

Nel punto esatto in cui ti sei fermato, termina il viaggio lungo la Via de la Plata per proseguire dentro il Cammino Francese fino a Santiago. La Plata parte da Siviglia, nella lontana e caldissima Andalusia e prosegue poi lungo la strada romana che Augusto volle costruire dopo la pacificazione della Spagna, per collegare Mérida con Astorga, entrambe abitate dai veterani della legione di Roma. Il percorso si sviluppa attraversando minuscoli borghi e intere zone agricole disabitate dell'Estremadura, passando da città e siti archeologici di particolare rilievo come Caparra, Salamanca, Zamora e Moreruela. Pare che questa via sia stata percorsa da mercanti ed eserciti e debba il suo nome non a *"plata"*, cioè "argento" in lingua spagnola, ma probabilmente alla deformazione della parola *"lapidata"* (cioè selciata) oppure del termine arabo *"balath"*, vale a dire le pietre che lastricano una strada. Se l'origine del nome è alquanto incerta, lo stesso non si può dire della sua storia. Via de la Plata è forse, tra tutti i cammini che portano a Santiago, il più impegnativo. Sono oltre mille chilometri, tutti da percorrere in solitudine. È anche chiamato il "Cammino della meditazione" e suggeriscono di farlo in primavera o in autunno, non in estate, per via delle temperature altissime e dell'assenza di fonti d'acqua lungo tutto il percorso.

Dopo il periodo romano, sotto il dominio dei Barbari, la via continuò a esercitare il suo fascino e mantenne il suo ruolo, diventando una *canãda*, cioè una strada, la principale, della transumanza. Fu anche regolata da leggi e regolamenti molto severi, come quello che imponeva una larghezza tra i 20 e i 40 metri per consentire il passaggio di grandi mandrie di bestiame. Pare che ancora oggi, cessata l'era della transumanza, la *Via* rimanga l'arteria più importante al servizio di grandi aziende di allevamento di bestiame. Da queste aziende provengono i maiali e i tori, le mucche da latte e le pecore. Insomma, pare che l'Estremadura sia ancora oggi la più importante risorsa agricola della Spagna e dell'Europa. Leggi anche che l'intera via è segnata dai simboli del Cammino, i *cruceiros*, le chiesette e le case rurali con gli *hostales* posti al servizio dei pellegrini. La guida segnala inoltre la magnificenza di Mérida, una delle città più importanti di tutta l'Estremadura. Città romana, voluta da Augusto, il suo nome originario è infatti *"Augusta Emerita"*, conosciuta nel mondo come "La Roma spagnola". Tra le sue mura si trova il tempio di Diana, edificato in epoca augustea nel foro municipale della città. Sfogli le fotografie e per un attimo ti perdi e sogni di riprogrammare un nuovo cammino ripercorrendo le gesta degli antichi romani.

Quando decidi di avviarti verso la stazione per accogliere Chiara, avverti la testa carica di mille propositi.

Il Cammino lungo la strada dei Templari ti sta suscitando grandi emozioni. Avanzi in solitudine e cerchi il sostegno dei pellegrini che ti precedono o arrivano con te a fine tappa. Da un po' di giorni stai riflettendo sull'esperienza che ha ormai rivoluzionato la tua vita, pensi alla meta, pensi a Santiago, ma anche al futuro dei tuoi cammini. Oggi hai registrato nel cuore il richiamo de La Plata: chissà se un giorno riuscirai a farla. Dai un ultimo sguardo al cartello e sorridi. Ti mancherà.

Le lacrime di Vincenzo

(Astorga)

Hai salutato al volo i tuoi amici della cordata per dirigerti alla stazione dove incontrerai Chiara, arrivata da Milano per completare il Cammino con te. Hai fatto il percorso dal muretto antistante l'Hotel La Plata con una certa fretta e con il cuore a mille: non vedevi l'ora di andare incontro a tua figlia. Dopo avere oltrepassato il palazzo Episcopale, hai aumentato il passo. Le vie sono solo apparentemente in pianura, oltrepassate le mura romane inizia, infatti, una ripida discesa. Astorga sorge nell'aspra e povera zona montagnosa detta "La Maragateria" ed esposta a tutti i venti dell'Atlantico. Spicca imponente dall'alto dei suoi 900 metri di altitudine, lungo il versante sud-ovest della Cordigliera Cantarbica. Anche oggi niente sconti, l'aria fredda ti ha consigliato di infilare il *pile* e quindi di aumentare la marcia.

A metà strada sei stato attratto dagli occhi verde scuro di un pellegrino, sembravano due biglie luccicanti, di quelle che hanno accompagnato la tua infanzia in quel di Orotelli. Al centro di Praza Mayor, Vincenzo era steso per terra, in dormiveglia, esausto.

Lo avevi già incontrato a El Burgo Ranero. È uno che cammina in solitaria, di poche parole, sguardo profondo e tremendamente malinconico. Ha due anni più di te, è alla prima esperienza e fa molta fatica. I suoi piedi sono flagellati dalle vesciche e sembrano quelli di un soldato che ha scavato una trincea sul granito.

«Ciao, Vincenzo, tutto bene?».

Scuotendo appena la testa e chiudendo gli occhi con una smorfia di dolore, ti ha fatto capire che no, non andava affatto bene.

«Hai bisogno di aiuto?».

«Ho sete», ha replicato con un filo di voce.

Ti sei precipitato al primo bar aperto, hai comprato una bottiglia d'acqua e una scatola di biscotti e sei tornato da lui. Lo hai aiutato a rialzarsi. Ha bevuto d'un fiato e si è lavato la faccia per ridarsi un contegno.

«Non mi ricordo il tuo nome».

«Sono Antonello».

«Sì, ora ricordo… il sardo?».

«Sono io».

A El Burgo Ranero avevate condiviso una cena comunitaria e avevate parlato a lungo, per la verità lui aveva solo ascoltato. Sei stato tu che, dopo una dura giornata di silenzio, gli avevi raccontato un po' di storie sulla tua adolescenza in terra sarda.

«Hai i piedi malconci, forse è meglio se fai una pausa di almeno un giorno…», gli hai consigliato.

«Ci sto pensando. Però non preoccuparti… va' per la tua strada, vedo che sei di fretta».

«Sto andando a incontrare mia figlia, fra mezz'ora arriverà in treno da Madrid».

Nell'udire quelle parole, due lacrime hanno solcato il suo viso, poi altre due, fino al pianto. Ti sei seduto al suo fianco, cercando il contatto fisico, gli hai sfiorato il braccio, avresti voluto abbracciarlo.

«Anch'io avevo un figlio. Quindici anni. Me lo hanno portato via, investito da un camion alla periferia di Genova».

Hai sentito un brivido di freddo farsi largo sulla tua pelle. Le tue lacrime si sono aggiunte alle sue. Silenzio. Ogni parola di conforto sarebbe stata banale e inutile. Gli hai lasciato il tuo numero di telefono e chiesto di chiamarti per ogni necessità.

«Non preoccuparti, Antonello, io non esisto più. Sono morto con lui. Ma per Giovanni arriverò a Santiago».

Vi siete salutati, entrambi svuotati di ogni sentimento, privi di forze, quasi inutili allo scopo, dopo tanti giorni di fatica.

Quando Chiara è scesa dal treno ti sei completamente estraniato dal resto del mondo, lei ha aumentato il passo per abbracciarti mentre tu sei rimasto fermo ad ammirare il suo sorriso esaltato dalla luce dei suoi occhi. Lei è la vita, la tua vita, senza la quale tutto sarebbe inutile e privo di senso.

«Papà, ti vedo provato. Tutto bene?».

«Bene, dai. Sono solo stanco per la lunga tappa ed emozionato per il tuo arrivo».

Quando siete ripassati in Praza Mayor, Vincenzo non c'era più. Hai chiesto a Chiara di attraversare la piazza dal centro per toccare il suolo dove il tuo amico pellegrino ti ha segnato con struggenti lacrime di disperazione e ti ha confidato un segreto che forse rappresenta l'ultima chiamata per riprendere a vivere. Le lacrime di Vincenzo rimarranno per sempre nel tuo cuore. Ti mancherà.

Le chiese del Cammino

(Ponferrada)

Si va a Santiago sospinti da motivazioni diverse. Chi per rispondere a un voto, chi per devozione verso San Giacomo, chi per recuperare la dimensione interiore troppo spesso trascurata a causa di una vita eccessivamente frenetica e chi per affrontare, attraverso il silenzio e il distacco, una situazione di crisi o di sofferenza. Tuttavia, non chiedersi cosa ci facciano tutte quelle chiese poste a presidio del Cammino è impossibile. Le vedi spuntare, con i loro campanili, ogni volta che entri nei villaggi; spesso sono isolate e in aperta campagna, affiancate esclusivamente dal cimitero. Erette in epoche diverse, con le pietre levigate dal vento e dal tempo, sembrano sorriderti nel vederti arrivare con lo zaino in spalla. E tu alzi lo sguardo, mentre senti il cuore importi sentimenti di riconoscenza per il clima di festa con cui vieni accolto. Queste chiese popolano il Cammino e testimoniano secoli e secoli di pellegrinaggio, mettendosi a tua disposizione. Sono in stile gotico e romanico, dalla chiesa di San Román a Puente la Reina a quella de la Asunción di Navarrete. Quando entri per una preghiera o anche solo per una visita, trovi i volontari che ti salutano, porgendoti la mano e invitandoti al banco per il rito della credenziale. Sono uomini e donne che custodiscono la storia e contribuiscono a creare un cordone lungo gli ottocento chilometri fino a Santiago. Luogo di culto ma anche di ristoro per l'anima del viandante, che asciuga il sudore del Cammino ascoltando le note soavi dei canti gregoriani provenienti dalle navate laterali.

L'emozione è forte quando ti ritrovi dentro la chiesa del Santo Sepulcro di Torres del Río, edificata dai Templari e custodita da un'anziana signora che ne detiene le chiavi e la apre ai pellegrini che ne fanno tutti i giorni richiesta. Ha il piglio del sergente, la signora, aspetta che il silenzio sia totale, poi inizia a parlare, chiudendo gli occhi nel ricordare il sacrificio di chi ha difeso il luogo sacro. A Burgos, nonostante la stanchezza per la tappa che sembrava non finire, ti metti in fila per visitare la cattedrale, fatta costruire a partire dal 1221 da Ferdinando III di Castiglia. La sua bellezza rimette in pace il cuore e dà sollievo al pellegrino disorientato. Nel 1984, l'UNESCO ha dichiarato questo tempio patrimonio dell'umanità e non puoi fare a meno di pensare a quanto gli uomini abbiano bisogno di simboli religiosi. A Frómista rimani incantato dalla chiesa romanica di San Martín, a León semplicemente abbagliato dalla sua cattedrale in stile gotico. Senti che San Giacomo ti sorride, è presente. Qui a Ponferrada sei assorto all'interno della Basilica de Nuestra Señora de la Encina, stai squadrando la statua della Vergine che, secondo una leggenda, fu ritrovata dai Templari all'interno di una quercia che stavano per abbattere per costruire il castello della città. Ritornerai nella chiesa del tuo paese o del tuo quartiere e, forse, la troverai ancora più bella. Ma non è posta a presidio del Cammino. Ti mancherà.

## Villafranca del Bierzo

Sei entrato a Villafranca del Bierzo alle 14, dopo avere attraversato almeno quattro borghi da Ponferrada. Sei nel cuore del Cammino, i simboli e le chiesette si moltiplicano e, finalmente, sono tutte aperte. Con calorosa attenzione, i volontari ti hanno invitato a entrare. Sono ben tenute e tutte parlano di Santiago.

In questi luoghi, il rito della credenziale diventa appartenenza, segno di condivisione e di riconoscibilità. Questi *selli* raccontano la storia religiosa del Cammino che stai vivendo. È da Saint-Jean-Pied-de-Port che incontri cartelli con su scritto: *"Camino de Santiago. Itinerario cultural europeo"* e ti chiedi chi li abbia scritti. Il Cammino di Santiago è, storicamente, un itinerario religioso che però può essere percorso da tutti, anche dai non credenti. Tuttavia, omettere che questo Cammino è prima di tutto un itinerario religioso significa certificare un falso storico e chiudere gli occhi rispetto ai luoghi che danno luce e senso ai passi che tutti i pellegrini compiono ogni giorno fino alla meta finale. In ogni angolo del Cammino, chi procede con lo zaino in spalla è identificato come pellegrino (cioè colui che fa un pellegrinaggio religioso) e non come camminatore culturale. Il Cammino di Santiago non è una pista ciclabile o una *ruta* internazionale per escursionisti. Qualcuno, al Parlamento europeo, dovrà prendere consapevolezza di questo. Non bisogna, peraltro, vergognarsi delle radici cristiane che hanno dato origine all'Europa e che in gran parte contribuiscono ancora oggi a tenerla unita.

Villafranca del Bierzo è anche detta la "perla del Bierzo" o la "piccola Compostela" in quanto, essendo una delle ultime tappe del *Camino Francés*, la sua chiesa di Santiago godeva di un particolare privilegio: i pellegrini che, giunti a Villafranca, non erano più in grado, per essersi ammalati, di raggiungere la meta, fruivano ugualmente dell'indulgenza visitando la chiesa.

Anche tu, oggi, avresti bisogno dell'indulgenza: hai percorso la tappa con difficoltà, a causa dei dolori ai tendini e ai muscoli.

Tutto questo ti ha fatto molto riflettere. Il Cammino è un luogo dello spirito e non una palestra per chi vuole esibire primati. È aperto prima di tutto alle persone che hanno una grande motivazione interiore da portare ai piedi di San Giacomo, ai malati che desiderano offrire le proprie fatiche e sofferenze. Non è il punto d'incontro degli eroi che fanno i calcoli dei chilometri da raccontare, ma un luogo umile per coloro che, in silenzio, cercano risposte alle proprie domande e insicurezze.

Qui a Villafranca del Bierzo hai voluto toccare le pietre grezze con cui, nel XII secolo, è stata costruita la cattedrale di Santiago. Hai sentito le sofferenze ma anche la gioia di molti pellegrini ammalati, ai quali è stato rilasciato il *Jubileo*. Al suo fianco, ancora oggi, si ergono due rifugi per i pellegrini. Con Chiara, hai aspettato finché, a metà pomeriggio, è arrivato il prete e vi ha fatto entrare. Siete stati colti da una forte emozione. La chiesa è piccola, a navata unica, e possiede un'abside che non passa inosservata. Nella parte settentrionale è collocata la Puerta del Perdón, dove si ottiene, appunto, il *Jubileo*. Vi siete seduti in disparte, mentre don Antonio accendeva le luci per permettervi di ammirare le altre opere d'arte che abbelliscono il tempio. Avete pregato e rivolto i pensieri ai pellegrini sofferenti, a quelli che sono riusciti e riescono a portare i passi dentro questo meraviglioso Cammino e ai tanti che vorrebbero farlo ma non possono a causa della malattia. Che San Giacomo abbia per tutti loro un occhio di riguardo e compassione.

Uscendo dalla chiesa, hai trovato un foglietto scritto a mano: "Il Cammino è come la vita, devi lasciarti sorprendere a ogni passo". In genere sei molto restio a prendere in prestito le frasi anonime altrui, questa, però, ti è piaciuta molto e l'hai voluta annotare sul tuo diario di giornata.

«Papà, è bello camminare insieme» …e vi siete abbracciati. Ti mancherà.

# O Cebreiro

Gli ultimi otto chilometri dopo il borgo di Las Herrerías mettono a dura prova qualunque camminatore esperto: sono tutti in salita, senza un solo metro di sosta pianeggiante. Quando finalmente vedi le prime casupole di O Cebreiro, le pulsazioni del cuore rallentano e finalmente senti che è finita. Per assaporare il Cammino bisogna arrivare a O Cebreiro, oltre 1300 metri di altitudine, situato tra le catene montuose di O Courel e Os Ancares.

Tu e la cordata siete arrivati a destinazione fradici e bagnati di sudore. O Cebreiro è un altro simbolo importante del cammino di Santiago. Se il tempo e i tendini ve lo consentiranno, andrete a visitare la chiesa dedicata a Santa Maria la Reál, dove sarebbe avvenuto un evento miracoloso narrato in storie e leggende. Nella cappella della chiesa, oggi chiamata "del miracolo", durante la celebrazione di una messa il pane e il vino sarebbero diventati, davanti a tanti testimoni, carne e sangue. Il miracolo eucaristico di O Cebreiro si sarebbe manifestato a causa dello scetticismo di un monaco che metteva in dubbio la presenza di Gesù nell'ostia consacrata.

Hai salutato i tuoi amici della cordata e hai sbirciato tra le casette del borgo, prima di ritrovarvi per la cena comunitaria.

Al giovane monaco hai chiesto di don Elías Valiña Sampedro, il famoso parroco di O Cebreiro che, sul finire degli anni Settanta, ha dato l'impulso decisivo per fare ripartire il cammino Francese. Pare che un giorno, poiché i cartelli in legno si deterioravano velocemente, don Elías abbia trovato un secchio di vernice gialla abbandonata dagli operai che si occupavano delle segnalazioni stradali e abbia avuto un colpo di genio o di fortuna: segnalare il percorso del Cammino di Santiago con una freccia di colore giallo di dimensioni visibili dai pellegrini per aiutarli a non smarrire la strada. Da allora, tutti i cammini di Santiago, da Via de la Plata al Portoghese, hanno adottato la freccia gialla quale simbolo di segnalazione per accompagnare i pellegrini diretti a Santiago.

Ami i pionieri, quelli che dall'intuizione passano ai fatti, senza perdersi in chiacchiere, protocolli, intese e diavolerie varie. Ti senti molto legato a don Elías, a lui vuoi dedicare la tappa di oggi, sapendo che Gesù lo ha accolto in Cielo tra i miti e i giusti.

È arrivato il momento della cena, uno dopo l'altro arrivano i componenti della cordata. La tavolata della piccola taverna è tutta per voi. Siete felici, nonostante la stanchezza dovuta alla tappa faticosa. Qualcuno chiede di aggregarsi. È un ragazzo milanese. Sta ripetendo il Cammino per la seconda volta, ha tanta voglia di parlare, di raccontare le sue esperienze e di anticiparvi quello che sarà d'ora in avanti il Cammino fino al Portico della Gloria a Santiago. Snocciola numeri e dettagli, vuole mettervi in guardia e svelarvi i particolari del *pulpo gallego* di Melide. Poi azzarda una lezione enotecnica sul vino *tinto* della casa, con tanto di riferimenti ai vitigni del Bierzo. È troppo. Michele prova a fermarlo, ma senza successo. A quel punto chiami l'oste e ordini due bottiglie di Tempranillo, rimandando la degustazione del vino della casa al prossimo Cammino. Si diffonde il silenzio e il giovane milanese, abbassando la testa, prende consapevolezza che è meglio tacere per non compromettere definitivamente la serata. Talvolta le proprie emozioni, anche le più autentiche, rischiano di diventare delle sgradevoli imposizioni quando assumono la dimensione di un sapere ostentato e inutilmente esibito. Per parlare bisogna saper ascoltare.

Dopo cena hai ripreso a camminare da solo. Con la luce del crepuscolo hai raggiunto e poi accarezzato la *palloza*, una costruzione tradizionale con il tetto in paglia. Ce ne sono diverse, oggi sono adibite all'ospitalità dei pellegrini e dei turisti che vogliono trascorre qualche giorno al fresco di O Cebreiro. Prima di ritirarti in *albergue*, hai scambiato due parole con il giovane monaco, che ti ha spiegato la storia dell'ospedale costruito nel 1072 dai monaci francesi, che poi lo passarono ai Benedettini. Con lui hai sorseggiato un bicchiere di moscatello, per poi completare il diario sotto il lampione della taverna che vi ha accolto

con sincera tenerezza e partecipazione. Ti mancherà.

Il distacco

(Aguiada)

Quando pensi che oramai la vita ti abbia corazzato e reso immune agli eventi che riguardano il tuo equilibrio personale, quando sei sicuro che nulla possa distoglierti dal percorso che hai intrapreso negli ultimi dieci anni, quando pensi che anche le lacrime di un incontro inaspettato possano essere il frutto di una costruzione televisiva, quando pensi tutto questo, ti imbatti nel Cammino e ti apri al suo ritmo, ai suoi limiti e alla sua forza silenziosa. E ti metti a pensare, a riconsiderare le tue convinzioni. Apri il cuore, liberi la mente e ti accorgi che le inutili certezze cominciano a sgretolarsi sotto i piedi. Ti senti felice di questa inaspettata vulnerabilità.

E cammini, cammini, pellegrino. Ascolti chi è con te e accogli le sue parole, i suoi gesti sono parte della tua giornata, piccoli segni che provocano emozioni inaspettate e che la notte rielabori in solitudine, perché nel Cammino sei solo e solo vuoi rimanere. Ma ti scopri anche alla ricerca di quelle sensazioni che non provavi da quando eri bambino, da quando, cioè, ti sedevi al fianco del tuo compagno di classe nella scuola elementare di Orotelli. Con lo stesso sentimento, ora, alla mattina, cerchi lo zaino e la voce del pellegrino che cammina con te, sconosciuto fino a qualche giorno prima. I suoi bastoni, il suo sorriso, la sua richiesta di aiuto quando le ginocchia non reggono, poi le serate e le notti, impreviste e magnifiche notti che condividi nel silenzio di un dormitorio affollato e affidato alle stelle che custodiscono il Cammino. E quando procedi da solo per tre e quattro giorni senti che il distacco è un momento importante, che ti costringe ad abbassare lo sguardo e a respirare la polvere nel silenzio della preghiera. La forza salvifica e devastante di un distacco che provoca intensa attesa, quella di un nuovo percorso, di un nuovo Cammino da fare.

Scrivi e sei malinconico, forse anche a causa dell'aumento del traffico in prossimità di Sarria. Con i tuoi amici della cordata ti sei fermato cinque chilometri prima, in un *albergue* isolato in località Aguiada. Pensi alla forza salvifica del distacco, ora dalla vita ordinaria, fra qualche giorno dal Cammino. Il rientro alla vita normale sarà come una bottiglia che si richiude dopo una cena di grandi sapori. E ripensi a Puente la Reina e a Estella per riaprire la bottiglia di vino *tinto* della Rioja, da sorseggiare insieme per sentirne tutti i profumi del Cammino. Ma ora il giusto distacco, nell'attesa di riprendere la strada. Ti mancherà.

# Galizia

## (Aguiada)

Superato il passo di O Cebreiro si entra in Galizia. È un ingresso che apre il cuore del viandante. Un po' perché senti il traguardo più vicino e un po' perché il percorso assume una nuova veste: cambia la segnaletica, i cippi a bordo strada sono più numerosi, indicano progressivamente quanti chilometri mancano alla meta finale e il paesaggio è verdeggiante, tanto che per un attimo, a Fonfría, ti sembra di essere ritornato nelle vallate dell'alta bergamasca. Dalla terra arsa delle *mesetas* ai boschi e alla vegetazione di montagna. È un contrasto che ti crea un certo subbuglio. È vero, ti senti alleggerito perché mancano pochi giorni all'arrivo al Portico della Gloria, ma anche malinconico perché questa meravigliosa avventura sta per terminare. La pioggia contribuisce a sconquassare il tuo stato d'animo. Senti l'autunno alle porte e con esso tutte le angosce della ripresa nel mondo ordinario, tra scadenze, tasse e riti da weekend.

Il clima dentro la cordata è di grande allegria. In territorio di Triacastela fate una sosta davanti alla statua in bronzo del pellegrino. È in cima, in un punto che ti consente di ammirare le enormi vallate e poi le cime verso Ovest. La statua è massiccia, raffigura un viandante dal passo veloce, è slanciato in avanti, con il suo bastone e il braccio sinistro sul capo come a volere trattenere il capello per non farlo volare via. Sta a indicare che qui in Galizia non solo le piogge ma anche i venti la fanno da padroni. Dopo la foto di rito con i tuoi amici pellegrini, ti metti sulla stessa direzione della statua, vuoi capire lo stato d'animo dell'artista che l'ha realizzata. Gli occhi sono indecifrabili, ma trasmettono ugualmente i turbamenti e le paure di chi va a Santiago e di chi vuole andare oltre. In effetti, alcuni sostengono che il Cammino non finisca nella pizza della cattedrale di Compostela ma nell'oceano, a Finisterre. Teorie e immagini che sempre di più si stanno insinuando per togliere in via definitiva il sacro da questo cammino storico, ovvero per cancellare la tradizione cristiana dal più grande cammino religioso del mondo.

Quando entri a Hospital sei nuovamente in uno stato di grazia. Ritrovi la pietra ruvida con cui sono realizzati i *cruceiros* e la chiesetta di San Sebastian. Tutti i monumenti e i siti sono ben segnalati, all'ingresso trovi i cartelli con la descrizione: anno di edificazione, leggende e tipologia costruttiva. La Galizia ha investito molto sul Cammino, sente tutta la responsabilità del percorso, qui confluiscono i passi di tutti i pellegrini provenienti da ogni parte del mondo. Avverti anche una certa eleganza e idea di supremazia. D'altronde, in Galizia sono molto sentite le origini celtiche. Il nome Galizia (*Galiza*) deriverebbe infatti dal nome di un'antica tribù celtica che risiedeva da queste parti, i Gallaeci.

La cordata avanza.

Superato il Cancelo de Triacastela, vi ritrovate davanti alla chiesa romanica di Santiago di Compostela e poi a una biforcazione: a sinistra si va per Samos (19,73 km), a destra per San Xil (12,53). Decidete di andare per Samos, se non altro per visitare l'imponente monastero distrutto da un incendio nel 1951 e ricostruito abilmente dagli artigiani del posto. Al suo interno c'è una grande chiesa in stile barocco, con due slarghi: il Grande Chiostro e il Claustro de las Nereidas.

L'atteggiamento dei *galegos* è austero. Quando ti fermi per chiedere un'informazione o semplicemente entri in un negozietto per comprare dei fazzoletti, ti guardano dall'alto in basso: si sentono culturalmente in posizione di vantaggio e non hanno alcuna intenzione di indietreggiare. Avvertono di essere diversi. Qui nella Comunità Autonoma della Galizia si parlano due lingue: il galiziano e lo spagnolo. Se chiedi un bicchiere d'acqua in spagnolo, loro ti rispondono in galiziano. Entrambi gli idiomi hanno uno status ufficiale e vengono insegnati nelle scuole. Esempio di bilinguismo concreto. Pare che la gran parte dei suoi cittadini sappia anche scrivere in galiziano.

E poi vanno fieri di come sono osannati nei paesi dell'America Latina, Brasile e Argentina in particolare. Emigrarono in massa in questi paesi e si affermarono per i loro modi spicci e la grande propensione al lavoro, secondo la migliore tradizione della gente di montagna. Ancora oggi, in Brasile, chiunque sia biondo e con carnagione chiara viene chiamato *"galego"*.

Scrivi questi appunti su un tavolino del piccolo *albergue* di Aguiada. La cena è stata tutta a base di verdure. I volontari che gestiscono la struttura vi hanno chiesto di rispettare il silenzio e vi hanno servito come si fa a corte: zuppa di carote e prezzemolo, frittelle di melanzane, formaggio e melone. Ora tutti i tuoi amici della cordata sono sparsi qua e là: chi nelle amache, chi cammina ai bordi del sentiero, chi ascolta musica sdraiato sull'erba umida del giardino. Chiara conversa con Valentina, anzi, tiene banco. La vedi solare e felice, quasi una veterana di questi cammini. Da Astorga procedete in assoluta sintonia, lungo il percorso parlate delle sensazioni che state vivendo, a volte delle vicende milanesi. Michele tiene sottobraccio Daniela, lui ascolta e lei è un fiume in piena. Simone passa in rassegna le fotografie della giornata. La pace regna sovrana e tu non puoi non godere di questa disarmante armonia. Ti mancherà.

Sarria

E poi, mentre cammini immerso nei tuoi pensieri, quando ti sembra che niente possa intaccare l'incantesimo nel quale sei stato sospinto, entri a Sarria e ti sembra di essere circondato dalle luci del centro commerciale nei giorni di festa. Cambiano i colori, le casette non sono quelle diroccate del Cammino, la strada è tutta in ordine, non si vedono foglie in giro, i vialetti sembrano quelli delle ville di Porto Cervo e i negozi con i gadget richiamano alla mente le stazioni di servizio delle autostrade. Incroci le lunghe carovane di turisti che transitano davanti ai simboli del Cammino senza alzare lo sguardo e senza regolare il tono della voce neanche quando passano di fianco ai piccoli cimiteri. Indossano capi di abbigliamento molto eleganti e procedono vocianti, occupando tutta la strada, vorrebbero darti indicazioni su come comportarti nel Cammino. Che succede? Perché?

Abbassi la testa e la scuoti davanti ai genitori che rincorrono i propri figli come al parco giochi della città. Sei

202

frastornato e incredulo, poi nervoso. Allunghi il passo, non puoi pensare che dopo settecento chilometri di felice contemplazione tutto svanisca nella consumistica rappresentazione di un falso Cammino. Come un fuggitivo, scortato dai tuoi amici, ti metti quasi a correre, anche se sei al limite delle forze. Vai oltre. Con i tuoi compagni di cordata cerchi un *albergue* sperduto, non segnalato dalle guide ufficiali, per ritrovarti. E ci riesci quando cala la notte. Contempli il cielo intenso di Galizia e chiedi alle sue stelle di riportati dentro il Cammino, cercando di addormentarti rannicchiato dentro il sacco a pelo. La notte arriva silenziosa e tenera. L'indomani mattina parti all'alba. San Giacomo e le stelle hanno accolto la tua invocazione; tu con la cordata siete avanti, i turisti del fine settimana li avete lasciati alle spalle con i loro pensieri.

A Sarria hai capito che insieme ai pellegrini camminano anche i turisti, che si immettono nel Cammino per curiosità, una specie di gita fuori le mura. Anche questo ti mancherà.

Il vino *tinto*

(Barbadelo)

Il Cammino è sopraggiunto nella tua vita perché potessi fare un'esperienza di svolta rispetto al meritato periodo di ferie. Hai deciso di impegnare tutto il mese di agosto rinunciando al mare, agli incontri con gli amici, alle serate di convivialità dopo una lunga giornata in spiaggia e agli aperitivi a base di pecorino sardo e Vermentino di Gallura. Sei partito a testa bassa nella speranza che il Cammino dia risposte alla tua esigenza di essenzialità e ti riporti ai ritmi dell'infanzia orotellese, dove i tempi erano dettati dal lavoro dei pastori e degli artigiani. Fin dal primo passo, hai lasciato che il cammino si impadronisse di te. Sei partito con lo spirito del pellegrino, disposto a importanti rinunce, soprattutto a tavola. Con questi pensieri hai attraversato i boschi della Navarra e ti sei imbattuto nelle colline della Rioja, una vasta regione nota in tutta la Spagna per la produzione del vino. Poi hai attraversato la Castiglia, che sembrava non finire mai, caratterizzata da immense distese agricole e, per alcuni aspetti, sempre uguale nelle sue forme. Sei entrato nella regione di León e poi nel Bierzo, dove le vigne, ancora una volta, ti hanno fatto compagnia, per approdare infine in Galizia, signorile e altezzosa come solo le regioni che hanno molto da raccontare sanno essere. E ti viene da pensare che tutto il Cammino attraversi terre speciali, dove il cibo e il vino alimentano lo stato di grazia che illumina i pellegrini nel loro incedere.

Alla sera sei felice di essere riuscito a completare la tappa che avevi programmato il giorno prima. Ti prendi cura del corpo affaticato e ti abbandoni alla cucina contadina, fatta di sapori semplici e inconfondibili. Ordini la zuppa di legumi e qualche volta la *paella*, poi il baccalà e lo stoccafisso. Quando all'alba ti rimetti in strada, ripensi al vino *tinto* della sera prima. La fatica si fa sentire molto meno, lo stato di grazia ti accompagna perché sei circondato da immense distese di vigneti, che vanno fin dove l'occhio può andare. Sono i tre vitigni autoctoni della Spagna settentrionale: il Mencía, l'Albariño e il

Tempranillo. Fanno del Cammino un'esperienza di vita e dicono che il pellegrino non è mai solo, perché il vino esalta la vita, la terra è forte e gli uomini e le donne sentono, tutti i giorni, la bellezza della condivisione. E riesci a fare tutte le rinunce, ma non quella di sorseggiare un buon bicchiere di vino Tempranillo: in questo modo, anche l'*hospitalero* ti guarda con aria più felice, perché stai riconoscendo il prodotto secolare della sua terra e stabilendo un patto con i suoi abitanti. E macini chilometri, giorno dopo giorno, bevi tanta acqua, dall'alba al tramonto, ma con il pensiero rivolto a quel bicchiere di vino *tinto* che saprà colorare la tua giornata fino all'approdo a Santiago. Ti mancherà.

Quanti chilometri hai fatto?

(Portomarín)

Sei seduto sui gradini della chiesa di San Nicola, in attesa dei tuoi amici pellegrini che si sono attardati a fare acquisti. Portomarín non supera i 1800 abitanti. Dopo la costruzione della diga Belesar, nel 1962, tutto il paese si trasferì sul monte del Cristo, dove si trova la chiesa che ti sta accogliendo.

Molti edifici furono abbattuti e poi ricostruiti, anche quelli medievali. Una mano esperta guidò la squadra degli operai e a ogni pietra venne assegnato un numero, in modo tale che nella nuova edificazione tutto venisse ricomposto secondo l'assetto iniziale, stando ben attenti a non invertirne la direzione e l'esposizione al sole. Insomma, un enorme puzzle che richiese maestria e concentrazione.

Proprio al tuo fianco scorgi un segno di colore rosso: è la parte finale di un numero, ti sembra il 28, la pietra sporge e quindi è facile notare l'imperfezione. È un edificio in stile romanico e fu costruito dall'Ordine dei cavalieri *hospitaleros* di San Giovanni di Gerusalemme. Lo attesta una targa seminascosta posta all'ingresso della struttura. I cavalieri, in genere, partivano per le crociate e per i campi di battaglia: che ci facevano in città? Sono i misteri di questo Cammino antico e leggendario, erano cavalieri, ma anche *hospitaleros* e sapevano che per preservare il Cammino verso Santiago occorreva offrire conforto e assistenza ai pellegrini affaticati e, spesso, disorientati.

Sei immerso in quei ricordi e sei felice di sentirti parte di una storia solida e antica. Per un attimo stacchi la spina e ti ritrovi nel clima dell'anno Mille. Vedi passare un carro trainato da un asino, poi due cavalieri e infine un gruppo di pellegrini: sono scalzi, assetati e procedono lentamente. Ti vengono incontro, vorrebbero stringerti la mano e chiederti qualcosa. Riapri gli occhi e sei quasi spaventato: ti eri abbandonato e lasciato andare, complice la pietra calda di San Nicola. Ti rimetti in sesto e, in effetti, vedi due ragazzi venire verso di te. Sono ben vestiti: scarpe e camicia firmate, capelli in ordine e impostati, di un nero intenso, e mani sottili, pazientemente curate.

«*Hola, peregrino*».

«*Hola*».

«*De dónde vienes? Cuantos kilometros recorriste?*».

Non riesci a formulare una risposta, ti sembra di sentire un idioma completamente sconosciuto. Senti una profonda irritazione, non sopporti che ti chiedano quanti chilometri hai fatto, come se fossi una macchinetta lanciata dentro una pista ad alta velocità. Così allarghi le braccia e scuoti la testa, non apri bocca e lasci che i due avventori si dirigano verso nuove prede. Nel frattempo, vedi arrivare i tuoi amici pellegrini che si erano allontanati in cerca di una farmacia. Ti dicono che per Gonzar mancano ancora sette chilometri e le nuvole promettono pioggia. Raccontano di avere individuato una locanda dove pare si mangi molto bene, soprattutto la *paella* con un baccalà al forno di prima scelta. Ti circondano e ti aiutano a sollevarti. Rimetti in moto il corpo e finalmente ritrovi lo spirito di quei pellegrini a cavallo che per un attimo ti è sembrato di veder passare davanti a San Nicola. Hai ripreso il vigore del Cammino antico e leggendario. Ti mancherà.

# Il rumore dei passi

## (Gonzar)

No, non può accadere che rumori sconosciuti rallentino i tuoi passi. All'alba carichi lo zaino in spalla, socchiudi la porta ed esci dall'*albergue*. La luce dei lampioni sulle pareti delle case ti trasmette uno stato di incertezza, ma il Cammino ti aspetta e tu non hai nessuna intenzione di perderti tra domande o ripensamenti. Vai, accompagnato dal silenzio delle case basse della Castiglia e dagli intensi profumi delle vigne della Rioja. E così cammini, cercando una reazione ai tuoi passi uguali e cadenzati. Hai la sensazione di essere seguito, che qualcuno cammini dietro di te, ma è solo il rumore dei tuoi passi che ti portano lontano, fino a San Giacomo. È un rumore che ben presto si trasforma in suono e poi in melodia. Quella che ti accompagna di salita in salita, lungo le pietraie del Bierzo e sulle strade asfaltate della Galizia. Alla sera sei felice dei tuoi piedi, li accarezzi come fossero le guance dei tuoi figli. Spazzoli le scarpe impolverate e le sistemi nelle scarpiere o nei ripostigli all'ingresso dell'*albergue*, confondendole con quelle degli altri pellegrini. Poi spalmi la crema: burro di karité o gel di aloe. Quando ti svegli verifichi che non ci siano vesciche, infili con cura le calze che hai lavato la sera prima e fai qualche esercizio di riscaldamento prima di rimetterti in cammino. E riprendi, passo dopo passo.

Oggi hai allungato di otto chilometri rispetto alla previsione di stamattina. Qui a Gonzar l'*albergue* è affollatissimo e la fila per il bagno infinita. Non hai nessuna intenzione di mischiarti tra la folla. Saluti gli amici della cordata e raggiungi una locandina distante solo cento metri, chiedi un bicchiere di vino, un pezzo di tortilla e riprendi ad ascoltare i tuoi passi. Ti estranei nel volgere di cinque minuti, ricomincia il rumore e poi la melodia che ti fa sognare e ti porterà a Santiago. Il rumore dei tuoi passi. Ti mancherà.

# La meta

(Ventas de Narón)

"Devi fare quello che ti senti", te lo ripetono da quando frequentavi la scuola media. Ma cosa vuol dire? Mentre sorseggi un succo d'arancia all'ombra della famosa quercia di Ventas de Narón, cerchi le prime risposte. Eccole.

Pensi che significhi prima di tutto ascoltarsi profondamente, farlo con particolare attenzione, concentrarsi in modo intenso, perché il primo errore che si fa, fin da ragazzi, è quello di rifuggire certe emozioni negative che sono dentro di noi, che siano paure, ansie o momenti di sconforto. Ascoltarsi significa cominciare a fare ordine nella propria vita, delineare un percorso autonomo e maturare dunque una forte consapevolezza di sé, ponendo l'Io al centro della propria esistenza.

Ascoltarsi significa fare un'esperienza di umiltà: non imporre, con la ragione, qualcosa di diverso da quello che l'istinto e il cuore ti chiedono di fare. Fin dal periodo adolescenziale, spesso, si fanno delle cose che non corrispondono al proprio sentire, a volte iniziando un percorso che non coincide con il desiderio di essere persone libere. Rousseau diceva che l'uomo nasce libero e poi muore in catene. Ecco, bisogna evitarle, quelle catene. Grazia Deledda, il giorno in cui ritirò il premio Nobel a Stoccolma, disse: "Il filosofo ammonisce: se tuo figlio scrive versi, correggilo e mandalo per la strada dei monti; se lo trovi nella poesia la seconda volta puniscilo ancora; se fa per la terza volta, lascialo in pace perché è un poeta". I genitori, le pubbliche autorità e i professori dovrebbero indicare un percorso non in base alle proprie idee e convinzioni, ma alle inclinazioni dell'allievo; non dovrebbero imporre la propria visione del mondo, ma fare emergere quella dello studente, trasmettendo ideali, valori, memoria, radici e quant'altro sarà necessario a esaltare il percorso di crescita del discente.

Non esiste meta senza un legame profondo tra la mente e il cuore: la meta è il punto d'arrivo di ciò che il cuore chiede alla ragione, per interrogarsi ogni giorno su dove condurre i propri passi. La meta è una condizione esistenziale più che una postazione fisica. È un sano esercizio di determinazione, per crescere in consapevolezza e visione. Per questo non esiste il Cammino senza la meta.

È ora di rimettersi in marcia. I tuoi amici della cordata sono ripartiti, ti hanno visto assorto nella scrittura e sono andati avanti senza salutarti. Dovrai raggiungere Melide, dove troverai il *pulpo galego* a farti compagnia. Ti mancherà.

La canzone di San Damiano

(Palas de Rei)

Non hai trovato posto e ti sei seduto sul piccolo sagrato della chiesa insieme a un gruppo di giovani scout di Lione. Ti hanno detto che Chiara si è fermata all'ingresso del paese insieme a Niccolò. Non la incroci da almeno tre ore, ma non sei preoccupato.

Nella *parroquia* di San Tirso di Palas de Rei si celebra la messa dedicata ai pellegrini: ne fanno due al giorno, una per i pellegrini di passaggio e un'altra per quelli giunti a fine tappa. Hai il cuore carico di mille emozioni, i ragazzi si scambiano degli sguardi complici, non hai capito se ti vedono come un intruso o un loro compagno di viaggio. Iniziano i canti e poi la liturgia, alle frasi del celebrante loro rispondono in francese, tu in italiano, le parole si sovrappongono ai sorrisi. Juliette, la *guider*, ti lancia uno sguardo ancora più intenso, come a dire: "Stai andando bene, non sentirti spaesato". Quando è arrivato il momento del segno della pace, hai stretto loro la mano,

Juliette ti ha abbracciato e ti ha sussurrato: «*Buen camino*».

Dopo il canto finale avete scambiato alcune impressioni, loro sono partiti da Ponferrada e procedono spediti per Santiago. Con Juliette un altro abbraccio prima di salutarvi. Hai notato il suo Tau, portato con semplicità e orgoglio, secondo la grande scuola di Francesco. Poi, seduti in cerchio, hanno intonato la Canzone di San Damiano e non sei riuscito a trattenere le lacrime. "Ogni uomo semplice porta in cuore un sogno, con amore ed umiltà potrà costruirlo/Se con fede tu saprai vivere umilmente/Più felice tu sarai anche senza niente […]".

Ti sei alzato e hai lasciato i giovani scout al loro canto. Più ti allontanavi più le loro voci diventavano una melodia e un invito a impreziosire i tuoi passi. Nulla avviene per caso, nulla. L'incontro di oggi è forse uno dei più belli di tutto il Cammino, la risposta a mille domande. "Nella vita semplice troverai la strada", ancora San Damiano.

Prima di ricongiungerti con i tuoi amici della cordata e proseguire per Melide, hai ben pensato di fermarti per fare ordine tra i pensieri, consultare la guida e raccogliere alcuni appunti. Su una panchina di fronte alla chiesetta con annesso il piccolo cimitero, hai scritto le tue sensazioni e appuntato nuove riflessioni, il tutto con assoluta spontaneità. Ti sei poi trovato a ripercorrere mentalmente il Cammino di San Francesco. Era il 1214 quando, in compagnia di Frate Bernardo, partì da Perugia per rendere onore a Giacomo, l'apostolo più amato da Gesù.

La figura di San Francesco ti accompagna fin da Saint-Jean, lo trovi in ogni angolo, i suoi segni sono scolpiti sulle pietre. Nell'imponente chiesa di Villafranca del Bierzo vi è una statua di lui con indosso il mantello, il cappello e la conchiglia del *peregrino*. A Santiago, nel 1742, fu costruita una chiesa a lui dedicata. La facciata è in stile barocco e nella sezione centrale esibisce una nicchia con l'immagine del santo. Mentre leggi aumenta l'emozione, solo tre giorni ti separano dall'arrivo a Santiago. Incroci lo sguardo di Chiara che nel frattempo ti ha raggiunto, cerca di cogliere il tuo stato d'animo, è felice, non ti mette fretta. Le sorridi, senti una quiete che ti ristora, una calma che rafforza i tuoi propositi di vita. Gli altri amici della cordata hanno lo zaino in spalla, anch'essi tutt'altro che impazienti: è il momento di ripartire. È proprio vero, secondo la preghiera dedicata a San Damiano, che: "Nella vita semplice troverai la strada/che la calma donerà al tuo cuore puro". Ti mancherà.

Gli intrusi

(Leboreiro)

Dopo le prime due ore di cammino, che generalmente fai in silenzio, ti fermi per riposarti al primo *albergue* attrezzato e ne approfitti per bere un succo d'arancia o dell'acqua. È anche il momento per scambiare le prime parole. Tutto il percorso è fatto di incontri, anche nei tratti più isolati. È bello abbracciare i tuoi amici argentini all'ingresso delle chiesette o gli studenti di Parigi quando devi fermarti in farmacia per acquistare i cerotti o, ancora, la professoressa di Istanbul sull'uscio della *frutería*, quando sei indeciso se acquistare le banane o le pesche. Cammini tutto il giorno e ricevi il sorriso di tanti pellegrini entusiasti e ti fermi all'istante, quando si tratta di prestare soccorso a un compagno alle prese con le vesciche. Cammini da solo ma avverti tutta la forza di una comunità che si è data delle regole, che poi sono il vero collante di questa esperienza. Senti che una collettività di pellegrini, con motivazioni e culture differenti, si sta muovendo con una grande voglia di arrivare alla meta, a Santiago.

Ma sei anche costretto a registrare comportamenti e situazioni che non hanno nulla a che vedere con la gioia che ti travolge per ventiquattro ore al giorno. Ti rendi conto che anche dentro il Cammino ci sono gli intrusi. Quelli che negli *albergue* o nei punti di *descanso* – dove in cambio di una piccola offerta ti offrono frutta, biscotti, torte e ogni altro conforto – mangiano nervosamente, svuotando i vassoi e le bottiglie di succo d'arancia con l'ingordigia tipica dei turisti "tutto compreso", e vanno via furtivamente, senza dire neppure grazie o al limite lasciando nella cassettina qualche centesimo nascosto in fondo allo zaino firmato. O quelli che solo a metà Cammino scoprono che Santiago non è solo il nome di una città, ma che Santiago e San Giacomo sono la stessa persona; eppure, non arrossiscono più di tanto, perché, a loro dire, l'importante è camminare! Quelli che sanno tutto del Cammino, che ti snocciolano numeri e date e ti anticipano cosa andrai a vedere nei villaggi successivi, togliendoti la gioia della scoperta e mortificando il senso stesso del camminare. Quelli che vorrebbero i servizi e le comodità della propria città nel cuore delle *mesetas* e si alterano, alzando anche la voce, con gli abitanti dei villaggi perché i negozi aprono alle cinque *de la tarde*. Quelli che entrano negli *albergue* negoziando il prezzo del letto (quasi mai superiore ai dieci euro) e pretendendo i servizi degli hotel a cinque stelle. Quelli che deturpano, lasciando le loro impronte, con tanto di data, i simboli del Cammino, a partire dai cippi dove sono indicati i chilometri ancora da percorrere e rubando persino le targhette segnaletiche. Quelli che iniziano a Sarria e vogliono spiegare il Cammino a quelli che sono partiti settecento chilometri prima.

Sono gli intrusi, che hanno un'idea del Cammino assai confusa, che non si fanno carico di entrare nella comunità e di rispettarne le regole. Anche loro segnano la tua esperienza e ti aiutano a riflettere e a preservare il Cammino, ma non ti mancheranno.

# La cordata

## (Melide)

Ti sei svegliato nel cuore della notte e il sacco a pelo ti stava stretto. Non potevi liberarti e metterti comodo perché il letto a castello non te lo permette. Allora sei rimasto sveglio ad ammirare i tuoi compagni di cordata, tutti distesi nel proprio letto come dei ragazzini in gita scolastica. Alla tenerezza si è aggiunta la commozione, perché avete deciso di condividere un'esperienza forte e impegnativa mettendovi l'uno nelle mani dell'altro. E vedi Niccolò, che parlerebbe in continuazione anche nel cuore della notte. Non gli manca certo la battuta e ha sempre una parola e un sorriso per i suoi compagni di viaggio. Cuore grande e generosità autentica. Come si fa a non volere bene a una persona come lui, bolognese verace che tifa Fiorentina?

Volgi lo sguardo e trovi Daniela. Parla tante lingue ma dice che non le ha studiate. La sua euforia contagia chiunque passi per il Cammino. Forte spirito di gruppo e grande capacità organizzativa; a lei, tu e il resto della carovana, dovete dire grazie se, nelle ultime tappe dopo Sarria, avete trovato dove dormire di contrada in contrada. La testa dentro la professione ma il cuore aperto alla dimensione spirituale.

Nel letto in basso, Michele. Stasera, seduti al tavolo della locanda, avete versato lacrime di commozione. Domani avrebbe dovuto lasciare il gruppo per arrivare da solo a Santiago, ma in *albergue* avete scoperto che il suo volo è stato rimandato, quindi raggiungerete Santiago insieme. Durante il commiato ha rivolto a tutti voi parole speciali. Michele è una persona straordinaria: per la sua storia familiare, per il suo impegno nel sociale, per il suo essersi messo in pari con la cordata senza mai rinunciare al sorriso e senza mai condizionare i ritmi del Cammino.

Simone, il filosofo, dorme disinvolto sul letto sopra quello di Daniela. L'hai incontrato a Hontanas, silenzioso e guardingo. Da allora avete camminato insieme per molti tratti, parlando e ascoltandovi. Il suo apparente distacco dalle persone è in realtà un modo per rispettarle. Non accetta le volgarità e cerca sempre, con il sorriso, il punto di maggior dialogo con chi gli cammina a fianco. Minimalista con lo zaino, è provvisto di tutto, cammina a testa alta con la sua fitta chioma. Non passa inosservato, ai bordi della strada ogni tanto raccoglie un fiore con il candore di un bambino.

Valentina è il vostro medico da campo. Sguardo sempre attento e grande spirito di gruppo, quasi una mamma premurosa verso i suoi pargoli che, spensierati, procedono verso Santiago. Cura le vesciche e scruta i movimenti e le gesta di Matteo, lo vuole mettere alla prova, a volte con piglio affettuosamente asburgico. Parte in quarta ogni mattina, ma poi la ritrovate al punto di *descanso* per la seconda colazione.

Eccolo Matteo, il matematico e il calcolatore. In ogni cordata che si rispetti è fondamentale poter contare su qualcuno che dia garanzia sui numeri e abbia una seria dimensione del razionale. È accompagnato dal sorriso anche quando dorme. Ha sempre fame e mangia di gusto, ma è più magro di un bastone. È perso per Valentina, non la molla un istante. Tutti fate il tifo per loro, la coppia più affascinante del Cammino.

Sopra di te c'è Chiara, il regalo più bello di questo percorso. Ti ha raggiunto ad Astorga ed è entrata nel gruppo con una maturità che ti ha spiazzato. Vai, Chiara, la vita è davanti a te, il tuo sorriso e il tuo cuore ti porteranno lontano.

Stefania, premurosa verso tutti, dorme in un *albergue* vicino, cammina con voi e fa gruppo fisso con Mario, Eugenio e Alberto. Coglie i particolari del Cammino e li immortala nelle sue innumerevoli fotografie. Sguardo dolce e animo aperto ai pellegrini che camminano al suo fianco, sa prestare ascolto, anche se è l'ultima della fila.

Poi Marzia, la più autonoma di tutti. Parte da sola e quando pensi che si sia persa nei boschi della Navarra o nei campi della Castiglia, rieccola a fine tappa, sempre sorridente, come se avesse percorso appena due chilometri. La *corazziera*, una forza della natura,

Andrea ha camminato per lunghi tratti con voi, con il suo sguardo dolce e i suoi occhi carichi di affetto. Ha tenuto il passo per aspettare Michele, ha raccontato la sua vita e la sua voglia di andare avanti. Sa il fatto suo.

Sono gli ultimi momenti. Dopo quasi un mese di Cammino, cresce l'impazienza di entrare a Santiago, con la consapevolezza di avere fatto la scelta giusta. Ogni tanto è bello sentirsi appagati fino in fondo, senza riserve di sorta.

Questo è un vero bastimento. Entrerà a Santiago e da Santiago saprà navigare con la forza dell'amore e della vita. Ti mancherà.

# Il Cammino, la polvere

## (Melide)

Il concetto di "Cammino" sembra quasi un'astrazione, un modo di dire, un'idea da condividere, un non-luogo. Si crea nella tua mente un'immagine che cerchi di calibrare rispetto alle aspettative, di adattare alle tue esigenze. Il Cammino come rifugio temporaneo rispetto allo stress della città. Ti dicono che il Cammino è iniziato nel momento in cui è maturata l'idea di farlo in alternativa al mare di Capo Comino. E ti viene da pensare che questo benedetto Cammino non si sviluppi per sentieri e boschi, per strade sterrate o lungo l'asfalto della provinciale 120, un'arteria che collega le città più importanti del nord della Spagna.

I giorni che precedono l'inizio del Cammino sono un susseguirsi di emozioni e di frenetica attesa, sei sospeso e vivi una condizione di incerto abbandono alle sorprese che inevitabilmente ha in serbo per te. Ti senti protagonista e insieme ultimo fra i pellegrini che, la sera prima di partire, si aggirano per le viuzze di Saint-Jean. In gran parte sono più giovani di te, età media: trent'anni. "Ce la farò?", te lo chiedi alzando gli occhi al cielo e provando, per un istante, smarrimento e paura. Ma non c'è più tempo da perdere, è arrivato il momento di lasciare spazio alle gambe e allo zaino. Si parte.

L'alba a Saint-Jean ti riporta alla prima escursione con il maestro della scuola elementare, l'attesa del nuovo ti fa vincere ogni titubanza. I Pirenei sono coperti da una fitta coltre di nebbia, ma non c'è freddo. Inizi a camminare con i pellegrini conosciuti la sera prima, alcuni sono giovanissimi, anche un po' impauriti, ti salutano con timore reverenziale, non sapendo che il Cammino mette tutti sullo stesso piano, crea una condizione di vera uguaglianza. Dopo soli cinquecento metri, il tracciato assume una pendenza ripida, smetti di parlare, ciascuno è racchiuso nei suoi pensieri, i piedi reggono. Avanzi nella salita dei Pirenei, prima l'asfalto consumato dalle intemperie, poi la terra rossa con i ciottoli segnati dal passaggio dei cavalli, quindi, nella nebbia delle montagne, i camminamenti allestiti dai pastori. Al valico, dopo 1350 metri di dislivello in salita, cominci a scendere, le ginocchia soffrono. Qualcuno si lamenta per le prime vesciche, qualcun altro ha sbagliato la scelta delle calze e anche le scarpe non sono del tutto compatibili con il fondo battuto.

A Puente la Reina, dopo quattro giorni di cammino, mentre attraversi le stradine mal rifinite dai selciatori della Navarra, senti un fastidioso dolore al tendine destro; da Estella fino a Logroño devi fare i conti con i varchi sterrati, ancorché impreziositi, in alcuni punti, dai ruvidi *sampietrini* delle discese. A Burgos il percorso si sviluppa in modo irregolare: dopo una prima storta, avverti le caviglie in pericolo e l'articolazione dell'anca destra ti richiama a un passo più attento. Quando, dopo quattordici giorni di marcia, entri nelle *mesetas*, non ti accorgi più di nulla, sei come in una "bolla", nonostante il vento insistente dall'Atlantico. A Hontanas respiri solo polvere, fino a Carrión de Los Condes. Al diciottesimo giorno, sulla *calzada* romana, prima di arrivare a El Burgo Ranero, i tuoi piedi sono come in un forno e aggrediscono i sassi bruciati dal sole. A León un po' di tregua. Hai davanti ancora nove giorni di cammino. Da Astorga la strada si fa nuovamente minacciosa a causa delle buche provocate dalle recenti piogge torrenziali. Quando vedi i fiumi ti viene voglia di buttarti in acqua, soprattutto per ridare pace alle gambe. Tra Barbadelo e Portomarín, le scarpe scivolano nella ghiaia e le ginocchia protestano. Sono gli ultimi giorni, l'impresa è quasi terminata.

Percorrendo le ultime tappe, circondato dall'affetto dei tuoi compagni di cordata, capisci che il Cammino non è una categoria dello spirito, una parafrasi o una declinazione di ciò che è o dovrebbe essere la vita. Metti meglio a fuoco che il Cammino non comincia a Milano quattro mesi prima della partenza, che non è un luogo sospeso nell'etere che regala delizia e impegno. Capisci ancora di più che il Cammino è un luogo fisico, dove respiri polvere e fai i conti con i tuoi piedi che combattono l'asprezza del suolo, per ottocento chilometri, fino alla meta finale. Capisci che il Cammino è fatica e luogo della memoria, dove sono impresse le impronte di San Francesco e di tanti altri pellegrini che, prima di te, hanno levigato le pietre e preparato i camminamenti per proteggerti dai rovi lungo le foreste. Capisci che il Cammino è prima di tutto la strada che ti fa vedere le cose dal basso e te le fa apprezzare nel suo ritmo lento, perché non stai sfrecciando in macchina o in treno, e ti lascia tempo per comporre i tuoi pensieri, per associare alle sensazioni le idee per il futuro. Capisci che nella lentezza del camminare c'è la profondità della mente che progetta e costruisce, che attinge dal cuore per ridisegnare l'orizzonte, anche quello che riguarderà altre persone che aspettano trepidanti notizie dal Cammino.

Tornerai in città, alla vita reale, come è giusto che sia e riprenderai il ritmo forsennato delle giornate di lavoro. Il Cammino ritornerà a essere una categoria dello spirito. La strada rimarrà nel Cammino verso Santiago. Ti mancherà.

I simboli del Cammino

(Ribadiso de Baixo)

Non sarà facile riprendere la vita ordinaria dopo avere trascorso un mese a camminare, tagliando sentieri e camminamenti, dalla Navarra alla Galizia. Il corpo reagisce al Cammino e si va conformando ai suoi ritmi. Tutto diventa spontaneo, ti ritrovi in totale simbiosi con la natura che ti accoglie fin dalle prime luci dell'alba. Senti il corpo rigenerarsi di giorno in giorno, man mano che il Cammino avanza avverti che la fatica non è una condizione di disagio, ma un motivo di festa. E i tuoi occhi si illuminano nel vedere i colori che cambiano con il passare delle ore e il sole che rischiara i tuoi passi anche se la stanchezza ti impone più di una sosta. Quando, per un momento, ti sembra di essere fuori dal Cammino, ti basta imbatterti in un *cruceiro*, eretto tra i campi di granoturco, in pietra di epoche diverse, per capire che stai procedendo verso la Galizia, perché sai che è lì da diversi secoli a indicare la strada maestra ai tanti pellegrini desiderosi di arrivare a Santiago.

E quando i tuoi passi ti sembrano persi e il tuo corpo inutilmente affaticato, ti viene spontaneo alzare la testa e guardare il cielo, in cerca di un segnale che ti dia la forza per andare avanti. Come quella volta, tra Logroño e Nájera, in cui hai visto le scarpe consumate appese al cartello stradale. Ti hanno dato coraggio e fatto ritrovare la giusta determinazione. Qualcuno prima di te è passato in quel sentiero e ha cambiato le scarpe, lasciando quelle consumate e rotte a presidio del Cammino. E così fino a Santiago. Le scarpe vecchie sono un simbolo dell'esperienza che stai vivendo, ti dicono di procedere, di andare avanti.

Il Cammino va oltre. Di tappa in tappa, di chiesa in chiesa. Prosegui, portandoti dietro, ben avvolta in un sacchetto di plastica, la *credencial*, il tuo vero documento di identità, su cui fai mettere il timbro all'ingresso degli *albergue* e nelle chiese e che consegnerai all'*Oficina de Acogida al Peregrino* di Santiago per ottenere la

Compostela, il certificato del tuo Cammino, del quale sarai fiero e che riporterai a casa per incorniciarlo con orgoglio, come il diploma del liceo o della laurea.

Nel Cammino i pensieri si accavallano. Ti fai mille domande e trovi anche tante risposte. Ti vengono naturali. A volte inaspettate. Metti a fuoco le situazioni che hai lasciato a casa, magari anche solo ascoltando le parole del pellegrino sconosciuto e salutato nell'ultimo punto di *descanso*. Ci sono luoghi che rappresentano un momento di estrema sintesi dei tuoi pensieri. Come quando arrivi, dopo Foncebadón, alla Cruz de Hierro, dove, ai suoi piedi, lasci un sasso, simbolo di una preoccupazione che ti ha appesantito il cuore, per poi riprendere il Cammino verso Santiago rigenerato più che mai.

Poi la *concha*, che è il simbolo per eccellenza di tutto il pellegrinaggio. Sei attratto dalla forma di questa conchiglia bianchissima. La ritiri al banchetto di Saint-Jean la notte prima di partire. Rimani affascinato dalla sua storia. Il pellegrino, fin dall'affermazione del culto di San Giacomo, le ha sempre raccolte sulle spiagge galiziane e sulla costa di Finisterre. Era e rimane l'elemento di identificazione del Cammino. Sulla strada del ritorno, il pellegrino veniva identificato dalla sua conchiglia, cucita sul mantello o sul cappello: era la prova che aveva raggiunto o visitato la tomba di San Giacomo nella lontana e verdeggiante regione della Galizia.

Così arriverai a Santiago, con i tuoi compagni di cordata. Non hai usato mappe o GPS. Hai semplicemente seguito i simboli che sono tutti dentro il Cammino, a loro dovrai riservare parole di profonda riconoscenza quando fra due giorni sarai davanti alla cattedrale di Compostela. Ti mancheranno.

Michele

(Arzua)

Sei rimasto attratto dai suoi occhi, esprimevano gioia e tanta voglia di parlare. Ma se ne stava appartato nel suo letto, mentre tutti gli passavano accanto per occupare i propri spazi e svuotare gli zaini. La camerata dell'*albergue* San Javier, ad Astorga, era stata riservata alla vostra cordata, c'era aria di festa e l'arrivo di Chiara, la *pequeña*, aveva fatto il resto. Lo scrutavi con la coda dell'occhio, avvertivi la sua voglia di contatto, ma una piccola smorfia di dolore gli segnava il viso ogni volta che si alzava, sicuramente a causa di due vistose vesciche affioranti sul piede sinistro. Ti sei alzato e ti sei presentato: «Sono Antonello, con quelle vesciche non farai molta strada...». Ti ha guardato sorpreso, più per il tuo approccio spiccio e determinato che per il contenuto delle parole. «Piacere, Michele, sono partito da León. In effetti mi sento un po' rotto, ma vedrò di farcela, in qualche modo...». Lo hai assistito mentre le disinfettava, poi hai chiesto al resto della cordata un minuto di silenzio per presentare il nuovo pellegrino proveniente da Civitavecchia.

«Ti va di cenare con noi?».

«Assolutamente sì!».

Da quel momento, Michele è diventato il saggio del gruppo, il punto di riferimento per le confidenze, per i racconti dell'infanzia e per le richieste di consolazione nei momenti di difficoltà a metà tappa. Dall'indomani, nonostante la schiena e le bolle, Michele ha aperto la marcia; qualche volta in compagnia di Andrea è rimasto indietro, ma è sempre arrivato a destinazione, con il suo sorriso e le sue parole sempre di grande disponibilità nei confronti di tutti. Michele opera prevalentemente a Roma e da anni è impegnato nel sociale. Da quando la sua adorata moglie è volata in cielo, cura con dedizione i suoi tre figli e trascorre ventiquattr'ore al giorno con Francesco, affetto sin dalla nascita da una seria disabilità, garantendogli affetto e protezione.

Ad Arzua l'hai visto taciturno e pensieroso.

«Tutto bene, Michè?».

«Dopo più di sette anni è la prima volta che riesco a partire per conto mio per più giorni, avevo perso il senso dello stare da solo».

«Vuoi proseguire in solitudine?».

«No, no, questa cordata è come una famiglia, non potrei farne a meno. È sempre bello sentirsi coccolato e accolto come un figlio».

«Sono i misteri del Cammino. Anch'io, dopo più di venti giorni di marcia, non so spiegarmi...». Non sei riuscito a completare la frase che da dietro è intervenuta Chiara: «Vi devo però dire che papà non è sempre così francescano, a volte fa il barbaricino autoritario e allora non ce n'è per nessuno!». L'hai guardata quasi incantato e sei rimasto muto come un pesce. Gli altri sono scoppiati a ridere e hanno registrato l'informazione. Vi siete abbracciati, prima con Chiara e poi con Michele.

Tu e il tuo nuovo amico avete camminato insieme e attraversato Ponferrada, O Cebreiro e Portomarín come due ventenni innamorati, scambiandovi impressioni sui luoghi visitati e le persone incontrate. Tutta la cordata si è stretta a Michele per proteggerlo e per attingere dalla sua interminabile esperienza di vita. Dopo il *pulpo gallego* avete fatto un primo resoconto dei giorni in strada. L'idea di separarvi dopo l'arrivo a Santiago vi ha reso molto tristi, pur sapendo che il Cammino non conosce limiti.

Ora siete ad Arzua, in un bar a ridosso del percorso tracciato state consumando una *tortilla* e una *cerveza*. Tutt'intorno il brusio dei tanti pellegrini che, come voi, stanno facendo sosta.

«Antonè, che bello averti incontrato. Faremo tante cose belle insieme, vero?».

«Tante, amico mio». Un patto che solo il Cammino sa sugellare. Ti mancherà.

La vigilia

(Pedrouzo)

E te ne stai in disparte, a ripensare al lungo Cammino. Non senti la stanchezza, nonostante i trentacinque chilometri della tappa odierna. Oramai sono solo venti quelli che ti separano da Santiago. La partenza di domani sarà anticipata, vuoi arrivare ai piedi di San Giacomo in orario per la messa. Sei felice e triste al tempo stesso. Sei a due passi dall'appuntamento che hai tanto voluto e un po' ti senti disorientato, avverti di dover tornare alla vita normale, alla tua vita. Pensi agli ottocento chilometri che hai percorso. Che fai, ti fermi? Vorresti bloccare il film, rimandare l'appuntamento e speri che questo stato di grazia ti accompagni ancora per un po' di tempo. L'*albergue*, le partenze all'alba anche sotto la pioggia, le grandi colazioni nei punti di *descanso*, i passi con gli altri pellegrini, quelli che sono partiti con te e quelli che si sono aggiunti tappa dopo tappa. No, domani tu andrai a Santiago e lo farai con le braccia aperte e gli occhi rivolti al cielo. Zubiri, Pamplona, Burgos e Astorga ti stanno chiedendo di andare a Santiago e di portare nella tua vita il Cammino con i suoi simboli. E dovrai andarci preparato, perché hai fatto tutto questo per mettere alla prova la tua fede e cercare risposte alle tue domande, e per ottenerle dovrai arrivare a piedi a San Giacomo. E tu vuoi delle risposte, le hai cercate, le hai anche trovate, ma assumeranno un senso compiuto solo domani, quando arriverai in cattedrale e potrai abbracciare i compagni di Cammino che hanno creduto in te.

È una vigilia intensa, fuori piove e la cordata sta cercando di organizzare la cena. La gioia di una nuova cena comunitaria. La gioia di un'ultima notte nel dormitorio, prima degli ultimi passi verso Santiago. Ti mancherà.

## L'arrivo

### (Santiago de Compostela)

La notte è passata insonne a Pedrouzo. Non hai chiuso occhio, nonostante la grande stanchezza. Hai continuato a guardare le lancette dell'orologio sperando che in un solo colpo si portassero alle 4:30, l'orario fissato per tutto il gruppo. E così hai fatto un ripasso di questo Cammino, hai pensato alle vesciche e ai tendini che ti hanno rallentato tra Terradillos de Los Templarios e El Burgo Ranero, alle ragazze di Parigi con cui hai condiviso il falò nella notte fredda di Santo Domingo de la Calzada, ai sassi lanciati sotto il ponte di Zubiri. Ti fa molta tenerezza ripensare ai volontari che, appisolati all'ora della *siesta*, ti hanno accolto all'ingresso delle chiesette e ti scappa una fugace lacrima pensando al primo giorno, a Saint-Jean-Pied-de-Port, quando tutto era ancora davanti a te, alle facce degli altri pellegrini, alcuni ignari dell'impresa da compiersi, altri già carichi di esperienze precedenti. Ma non puoi commuoverti nel cuore della notte. Non puoi pensare di

243

fare consuntivi se ancora non hai fatto la cosa più importante: non hai portato i tuoi passi ai piedi di San Giacomo. E mentre i tuoi pensieri scorrono e si perdono tra i letti dell'*albergue* di León e le voci dei pellegrini di Cosenza, ti accorgi che anche gli altri tuoi compagni di cordata sono svegli e non intendono aspettare la sveglia di Valentina. Così vi ritrovate tutti in piedi, a compiere le operazioni di vestizione e preparazione dello zaino.

Vedi facce riposate e sorridenti. Partono le prime battute e poi le risate, ripensando alla sera precedente, al *pulpo gallego* consumato in compagnia del vino *tinto* della Rioja. Le torce in fronte, come i minatori, e quindi in cammino a inseguire le frecce gialle verso Santiago. Nessuno allunga il passo, questa volta si procede tutti insieme, il Cammino non è più personale, ma comunitario.

È buio fitto, l'alba è prevista alle 7:30. Tu procedi in silenzio, ascoltando la voce e l'emozione di Chiara. Hai pure deciso di digiunare fino alla piazza della cattedrale. Piove e cerchi di ripararti. Sono solo venti chilometri e nulla ti fa più paura. L'albeggio ti dice che sono passate due ore e cominci a fare un po' di calcoli sui chilometri fatti, non vedi l'ora di arrivare, di alzare lo sguardo al cielo sopra Santiago. Attraversi piccoli borghi, San Paio, Sabugueiro e Vilamaior. Costeggi anche l'aeroporto di Santiago e senti gli aerei rullare, provi un po' di malinconia perché sai che l'esperienza volge al termine. Poi arrivi al Monte de Gozo (il Monte della gioia) e incontri comitive di pellegrini che, arrivati in pullman, fanno a piedi gli ultimi sette chilometri verso Praza do Obradoiro. Li guardi con meraviglia e, dopo gli aerei, ti assale un secondo moto di malinconia, perché senti che sono le persone della vita reale che sono venute alle porte di Santiago per accompagnarti fino alla cattedrale. Entri così in città e ti accorgi che ti mancano le *mesetas*, le vigne della Rioja e la polvere di Hontanas. Ma il cuore è in subbuglio, intravedi i due campanili della chiesa barocca, la cattedrale, il motivo e il senso di tutto questo camminare.

La pioggia si fa più intensa e non ti preoccupi più di ripararti. Canti insieme ai tuoi compagni di cordata, sei felice e le lacrime si confondono con la pioggia. Incontri altri pellegrini che vanno spediti e con le scarpe fradice. Passi sotto l'Arco del Palacio, dove un ragazzo sui trent'anni suona delle note di musica barocca, quindi percorri la scalinata piangendo dalla gioia, per arrivare finalmente al Portico della Gloria. Sei in piazza, il Cammino è compiuto. Abbracci tua figlia che piange con te e poi tutti i tuoi amici con cui hai condiviso la festa e la fatica, e ancora tanti altri pellegrini che hai incrociato nei dormitori dei vari *albergue*.

Sei sotto la pioggia, adagi lo zaino per terra, la tua casa, e lo guardi con tanta commozione. Allora ti abbassi e, in ginocchio, ti scappa un grazie anche a lui. Il Cammino è la meta, si compie con l'arrivo a Santiago, in piazza. Ti senti una persona nuova, felice di fare parte del Creato, di stare sotto il cielo a piangere e ridere insieme. Il Cammino si perfeziona, acquista senso e forza con l'arrivo alla cattedrale. Hai dentro ancora tanta energia e la vuoi regalare a chi ti passa a fianco, soprattutto quando ti metti in fila per partecipare alla messa e poi per pregare, in ginocchio, dinanzi alle spoglie di San Giacomo. Il

Cammino si fa esperienza di vita, sale della vita con l'arrivo a Santiago, perché capisci che hai raggiunto l'obiettivo che ti eri prefissato. Il Cammino è la meta, perché chiudi il cerchio dando senso ai tuoi sacrifici e alle tue levatacce all'alba, durate un mese. L'importante è l'obiettivo, arrivare alla meta, a Santiago. No, non è vero che l'importante è camminare, sarebbe come corteggiare una donna senza mai manifestarle l'amore che senti e quindi proporle di condividerne il sentimento.

Senti che Santiago fa ormai parte della tua vita, quasi un pezzo delle tue radici, perché qui hai pianto con la stessa libertà di quando eri bambino. Santiago saprà seguirti nel ritorno alla vita reale, quando dovrai correre da una parte all'altra tra treni e aerei, mentre i tuoi piedi godranno del meritato riposo.

Tutto questo è Santiago de Compostela. Ti mancherà.

# Antica preghiera del pellegrino

*Oh Dio, che portasti fuori il tuo servo Abramo*
*dalla città di Ur dei Caldei, proteggendolo*
*in tutte le sue peregrinazioni, e che fosti la guida*
*del popolo ebreo attraverso il deserto*
*ti chiediamo di custodirci, noi tuoi servi,*
*che per amore del tuo nome andiamo pellegrini*
*a Santiago de Compostela.*
*Sii per noi compagno nella marcia, guida nelle difficoltà,*
*sollievo nella fatica, difesa nel pericolo,*
*rifugio nel Cammino, ombra nel calore,*
*luce nell'oscurità,*
*conforto nello scoraggiamento e fermezza nei nostri propositi*
*perché, con la tua guida, giungiamo sani e salvi al termine del*
*Cammino*
*e, arricchiti di grazia e di virtù, torniamo illesi alle nostre case,*
*pieni di salute e di perenne allegria e pace.*
*Per Cristo nostro Signore. Amen.*
*San Giacomo, apostolo di Gesù, prega per noi.*
*Maria, madre di Dio, prega per noi.*

Cinque mesi dopo

Oggi è il 7 gennaio 2018. Dalla finestra vedo una signora che rimuove gli addobbi natalizi. Da domani anche le vie della città ritorneranno alla luce ordinaria. Le giornate sono corte, a metà pomeriggio è già buio. Questi giorni di vacanza sono stati importanti per riprendere fiato e per cercare di programmare la ripartenza. A ben vedere, non ho interrotto più di tanto: le scadenze sono numerose e l'orologio del lavoro non dà scampo. All'università ho terminato le lezioni del semestre ed è periodo di esami. Le udienze in tribunale si accavallano. Le riunioni intasano l'agenda e ho iniziato nuove esperienze lavorative. Nuovi clienti e nuovi orizzonti, tanta adrenalina e insieme tanta voglia di nuovi obiettivi. Insieme alla professione, si è intensificata l'azione a favore delle persone in difficoltà o comunque in stato di disagio. In questi mesi si è pure rafforzata l'esigenza di apprendere e di studiare per affrontare al meglio tutte le scadenze lavorative e per restituire, in ambito sociale, tutto il bene ricevuto negli anni. Tutto a ritmo sostenuto. Insomma, la "vita reale", in tutte le sue dimensioni, si è ripresa il mio tempo, ma senza dimenticare Santiago.

Dal momento del rientro, almeno un istante delle mie giornate è dedicato al Cammino e a tutti i suoi insegnamenti. Rivedo i sorrisi dei miei amici pellegrini e provo tanta emozione quando, in città, mi capita di incontrare un ragazzo con lo zaino in spalla che chiede indicazioni. Mi rivedo in lui, osservo le sue espressioni, lo vedo rilassato, sicuro nel suo porsi alle persone tutte affaccendate dinanzi al semaforo che sta per scattare. Mi sembra quasi un'apparizione, un segno di questo Cammino che matura dentro di me.

Ogni giorno rivivo un pezzo di quell'esperienza. La settimana scorsa, all'inizio dell'udienza in Corte di appello, sorridevo al ricordo della faccia ingrugnita dell'*hospitalero* di Los Arcos che non voleva farmi entrare in *albergue* perché avevo sforato l'orario del rientro di venti minuti. Dopo le scuse per il ritardo, gli avevo chiesto di derogare alla rigida regola. Ricordo che non insistetti più di tanto perché comunque avevo messo in conto di dormire all'aperto in compagnia di Pier e Gianca, i due amici della prima cordata che amavano tirare tardi e riposare all'aperto, sotto le stelle.

Mi manca il clima del Cammino, la forza d'animo e il grande legame che unisce chi ogni giorno percorre la strada verso Santiago. Mi manca il tempo del Cammino, il suo ritmo lento e costante, la sua intensità che dà energia anche al pellegrino distratto. Mi mancano i profumi della terra, la polvere e gli scarponi bagnati sulle rive del fiume Arga a Zubiri. Mi manca il vento che purifica l'aria nella notte stellata di Hontanas e allunga l'orizzonte dell'altipiano a Hornillos del Camino. Mi manca la freccia gialla, la sua rassicurante presenza sotto la luna piena di El Burgo Ranero. Mi mancano i nidi delle cicogne, i grandi nidi di rovi e terriccio sul campanile della chiesa di Santa Caterina a Estella. Mi manca lo zaino con la conchiglia, mi sento quasi denudato, a corto di protezione senza il suo peso confortante. Mi manca il menù del pellegrino, l'accoglienza dei locandieri al mio arrivo per la cena, il loro sorriso di compassione alla mia richiesta di cibo.

Ma, allo stesso tempo, mi sento più ricco, rafforzato nella mia dimensione spirituale, profondamente unito agli amici pellegrini che sento e, appena possibile, incontro a Milano o negli spostamenti tra Roma, Genova e Bologna, per continuare a coltivare questo Cammino che mi accompagna verso nuove mete.

Queste pagine sono dedicate a chi ha nel cuore Santiago, a chi ha già fatto il Cammino e a chi vorrebbe farlo. A chi è alla ricerca di una meta e a chi vorrebbe cominciare a dare più spazio ai richiami del cuore. A chi si è perso e a chi si è ritrovato. A chi vuole ripartire con la forza delle proprie idee e l'entusiasmo di un bambino. A chi intende vivere lo spirito di Santiago nella vita reale. Di tappa in tappa, tutti i giorni. Buon Cammino.

Tra pandemia e guerra

Milano, 15 novembre 2022

Le suggestioni delle ombre dei Templari a Ponferrada, il sibilo delle cicogne sui campanili della Castiglia, la cena comunitaria a Santo Domingo de la Calzada e il *pulpo gallego* a Melide hanno certamente contribuito a rendere speciale il Cammino Francese. Sta di fatto che chi fa questa esperienza rientra a casa trasformato, come quando ti prendevi una sonora cotta in epoca adolescenziale.

Dopo aver ripreso il fitto diario di quell'esperienza, è nata l'edizione che hai appena letto. Mi sono immedesimato nel clima di quell'agosto del 2017 e ho rifatto il Cammino, che entra nelle vene di chi lo percorre e diventa una costante nella vita quotidiana, aiutandoti ad affrontare le scadenze e ad assumere le decisioni importanti.

Stiamo vivendo una stagione di inaspettati sconvolgimenti planetari, prima la pandemia ora la guerra in Ucraina, che ha scompaginato tutti gli equilibri scaturiti dalla Seconda guerra mondiale. Gli Stati, le comunità, ma soprattutto i singoli individui sono chiamati a interrogarsi sul proprio stile di vita e a riconsiderare i propri comportamenti, a partire dal rapporto con i beni materiali. Dovremmo, tutti, diventare dei consumatori più attenti e salvaguardare l'ambiente, favorendo una sostenibilità economica e sociale. Ci viene chiesto di non sprecare le risorse, per consentire alla parte più povera del pianeta di beneficiare delle stesse opportunità riservate a noi occidentali; ci viene chiesto di avere un occhio di riguardo per le generazioni future, per i nostri figli e nipoti, per garantire anche a loro lo stesso livello di benessere di cui abbiamo beneficiato noi in tanti anni di crescita e prosperità. Io sono pronto a fare la mia parte. Lo dico con la forza che viene dall'insegnamento del Cammino: essenzialità, sobrietà e solidarietà lungo il percorso. Credo che il "modello Cammino" possa essere un faro per il futuro, per chi ha la responsabilità di condurre gli Stati e per le singole persone che ogni giorno – in famiglia o al lavoro – sono chiamate ad assumere decisioni importanti.

Ecco perché il Cammino non può rimanere relegato in mansarda, dentro lo zaino, in attesa di rimettersi in marcia appena le ferie lo consentono. Il Cammino è ora.

Questo libro è la naturale continuazione della prima edizione del 2018. Non ci sarebbe senza quel primo lavoro. Tutto è iniziato con "Ti mancherà", un progetto che ha visto coinvolti tanti amici pellegrini della *Cordata* e altre persone che, pur non avendo fatto il Cammino, attraverso le varie presentazioni, hanno poi condiviso con me il percorso in giro per l'Italia. L'elenco è lungo. I proventi di quel progetto sono tutti andati a favore dell'Opera Card. Ferrari di Milano, un centro di accoglienza per le persone senza fissa dimora. Sono legato all'Opera; nel Pensionato Trezzi, collocato al suo interno, ho mosso i primi passi a Milano e ho sperimentato la gioia dell'accoglienza. Ancora oggi sento un forte debito di riconoscenza nei suoi confronti.

Non l'ho fatto nei libri precedenti e forse non è d'uso. Un ringraziamento particolare a Salvatore Primiceri, l'editore: per il suo modo di porsi con noi autori, il suo garbo e la sua visione. I continui suggerimenti e la sincera disponibilità lungo tutto il percorso mi hanno consentito di realizzare le idee che man mano sono maturate.

Ringrazio Pasquina Filindeu, Master di specializzazione nei mestieri dell'editoria presso l'Università IULM di Milano, per il prezioso lavoro di editing e per il suo saper leggere il testo all'interno del più ampio contesto del Cammino che ha travolto la mia vita.

Ma prima di tutti ringrazio Santina e Gavino, i miei genitori. Non hanno fatto in tempo a vivere con me la rivoluzione scaturita da Santiago, anche se li ho portati e li porto con me in ogni tappa. Nulla saprei fare senza la loro rassicurante presenza.

A voi lettori, grazie per essere arrivati, pazientemente, all'ultima pagina. *Buen camino.*